普通高等教育规划教材

汽车文化

（第三版）

郎全栋　李宏刚　主编

人民交通出版社股份有限公司
China Communications Press Co.,Ltd.

内 容 提 要

　　本书是普通高等教育规划教材,主要内容包括汽车地位、汽车史话、汽车外形和色彩、汽车公司和商标、汽车名人、汽车运动、汽车花絮、汽车公害、汽车未来和交通漫谈。通过学习,学生可以了解汽车的过去、现在和未来,认识公路运输和综合交通体系,从而扩大知识面,培养和提高自身的综合素质。本书充分体现了历史性、知识性和趣味性。

　　本书可作为高等学校交通运输专业和汽车相关类专业的教材,也可作为高等学校普通教育公共选修课的教材。

图书在版编目（CIP）数据

　　汽车文化 / 郎全栋,李宏刚主编. —3 版. —北京:
人民交通出版社股份有限公司,2017.8
　　ISBN 978-7-114-13966-6

　　Ⅰ.①汽…　Ⅱ.①郎…　②李…　Ⅲ.①汽车—文化—
高等学校—教材　Ⅳ.①U46-05

　　中国版本图书馆 CIP 数据核字(2017)第 150466 号

书　　　名:汽车文化(第三版)
著 作 者:郎全栋　李宏刚
责任编辑:曹　静
出版发行:人民交通出版社股份有限公司
地　　　址:(100011)北京市朝阳区安定门外外馆斜街 3 号
网　　　址:http://www.ccpress.com.cn
销售电话:(010)59757973
总 经 销:人民交通出版社股份有限公司发行部
经　　　销:各地新华书店
印　　　刷:北京市密东印刷有限公司
开　　　本:787×1092　1/16
印　　　张:9
字　　　数:201 千
版　　　次:2002 年 4 月　第 1 版
　　　　　　2009 年 2 月　第 2 版
　　　　　　2017 年 8 月　第 3 版
印　　　次:2019 年 9 月　第 3 版　第 2 次印刷　累计第 25 次印刷
书　　　号:ISBN 978-7-114-13966-6
定　　　价:22.00 元
(有印刷、装订质量问题的图书由本公司负责调换)

PREFACE 第三版前言

汽车作为人类发明的最有效的工具之一,已经为人类服务了一百多年,极大地改变了我们的生活,影响了我们的环境。传统汽车的诞生、发展和演变,以及如今发展迅猛的新能源汽车、无人驾驶汽车,甚至飞行汽车等,无不吸引着人们的关注。巨额的研发资金倾注其中,无数人为之痴狂,汽车作为当今世界不可或缺的重要交通工具,其存在的意义已经远远超出了工具所能涵盖的范畴。

汽车文化是在汽车发明和发展中所创造的物质财富和精神财富的积累。随着近年来全球汽车保有量的不断增加,以及汽车科技的日新月异,汽车文化的内涵也得到了不断地丰富和发展,正是在这样的背景下,本书的内容进行了适当的更新。

原书稿结构体系层次清晰、内容丰富,知识性、趣味性强,本版在保留了上一版结构体系和优点的基础上,重点更新了相关的数据、汽车品牌及车型、汽车技术的发展,以及部分图表。

本版教材在编写中注重了汽车文化内涵和教材特征的融合,注意了汽车文化与专业课的衔接,以及汽车文化与交通文化的结合,力求易教易学。本教材除绪论外共包括十章:第一章,汽车地位;第二章,汽车史话;第三章,汽车外形和色彩;第四章,汽车公司和商标;第五章,汽车名人;第六章,汽车运动;第七章,汽车花絮;第八章,汽车公害;第九章,汽车未来;第十章,交通漫谈。

本版教材由东北林业大学李宏刚主编。绪论以及第一、二、三、六、七、九章由李宏刚编写;第四、五章由黑龙江工程学院田芳编写,第八、十章由东北林业大学韩锐编写。除本教材后列出的参考文献外,编写中还参考了众多期刊及专业网站的有关文献资料。

本书前两版的主编郎全栋先生为本书的撰写与修订付出了大量的心血,其严谨求是的作风深深影响了我们,使我们受益良多。在此,对郎全栋先生表示诚挚的谢意。

在此对所有作者表示衷心感谢。因汽车文化涉及知识面广,不妥之处,欢迎批评指正。

编者
2017 年 5 月

CONTENTS 目 录

绪　论

汽车是人类创造的精美机器之一,它改变了并正在改变着世界。目前,汽车遍布全球的每一个角落。汽车发明、发展的历程已经形成了一种文化。

汽车是公路运输的现代交通工具,它所具有的普遍性和灵活性是其他现代交通工具难以比拟的。汽车工业在世界经济发展中的地位越来越突出。

汽车本身的发展只有一百多年的历史,但它是在具有几千年历史的轮和车的基础上得以发明和发展的。蒸汽机的发明使人类进入了机器动力时代,于是发明了蒸汽机汽车。有了内燃机的研制成功才发明了内燃机汽车。

汽车诞生于德国,成长于法国,成熟于美国,兴旺于欧洲,挑战于日本。1886 年,德国人卡尔·本茨和戈特利布·戴姆勒发明了内燃机汽车。法国人阿尔芒·标致、路易斯·雷诺等人开始改变"无马拉的车"的构造。欧洲是世界汽车工业的摇篮。1908 年,美国人亨利·福特开始生产 T 形汽车。1913 年,福特汽车公司建立了世界上第一条汽车装配流水线,福特 T 形汽车使家庭轿车的神话变成了现实,产生了世界汽车工业的第一次变革。1934 年,法国人安德烈·雪铁龙发明了发动机前置前驱动的汽车。1939 年,德国人费迪南德·保时捷主持设计的"甲壳虫"汽车投产。汽车产品多样化,产生了世界汽车工业的第二次变革。汽车工业的第三次变革是日本精益生产方式的形成。

汽车发明一百多年来,为使机械工程学、人体工程学、汽车空气动力学在汽车上得到协调,汽车外形经历了马车形、箱形、甲壳虫形、船形、鱼形、楔形和子弹头形一系列的演变。汽车色彩不仅是对汽车的美化,又是个性和科学的统一,不同的汽车色彩引起了人们的各种美好联想。

1883 年,卡尔·本茨在曼海姆创建了奔驰公司和莱茵煤气发动机厂;1890 年,戈特利布·戴姆勒创建了戴姆勒发动机公司;威廉·杜兰特靠马车厂起家,于 1908 年创建了通用汽车公司;1903 年,亨利·福特创建了福特汽车公司;1925 年,沃尔特·克莱斯勒创建了克莱斯勒汽车公司……世界著名汽车公司相继创建,这是世界汽车工业的基地,有了名厂才有了名车。1926 年,奔驰和戴姆勒这两家世界上最老的汽车公司实现了联合,这是世界汽车工业高度集团化和国际化的开端。汽车公司及其汽车商标如汽车文化乐章中精彩的音符,伴随着飞转的车轮,谱写着一曲曲动人的旋律。它以创始人的姓名或所在地的城徽,或以象征性的动物,或以其他不同寓意的图案,在讲述汽车百余年历史的故事。风云变幻,斗转星移,"三叉星"商标,依旧星光闪闪;皇家贵族"冠与盾"的商标喻示着凯迪拉克汽车的高贵和豪华;活泼可爱的"小白兔",象征福特汽车奔驰在世界各地,令人爱不释手……

世界上一批汽车业名人创建和发展了世界汽车工业,没有名人,也没有名厂、名车。卡尔·本茨和戈特利布·戴姆勒被誉为"现代汽车之父";"汽车大王"福特名扬世界,他开创了汽车大众化时代;威廉·杜兰特的功绩在于创建了今天仍名震全球的通用汽车公司,给后人留下了一家大公司的雏形；费迪南德·保时捷有"汽车设计大师"之誉，他成功地设计了"甲壳虫"汽车，他所设计的跑车、赛车体现了高超的汽车设计水平；饶斌是中国汽车工业的奠基人，也被誉为"中国汽车之父"……千千万万的汽车英雄和巨子谱写了并正在谱写着灿烂的汽车文化。

汽车运动几乎与汽车自身具有同样长的历史。法国对汽车运动的产生和发展做出了巨大的贡献，因此，国际性车赛法文叫"Grand Prix"，音译为"格兰披治"，意思即大奖赛。每一次车赛都是速度的追求，都是高科技在汽车上的体现，都是人类对自身的挑战和超越。汽车比赛已成为世界人民非常喜爱的一项运动。1925 年 7 月 12 日，在德国慕尼黑举行的第一次"老爷"车拉力赛上，81 岁高龄的卡尔·本茨驾驶着他发明的三轮奔驰汽车参加了比赛，可见汽车运动的魅力，国外甚至将其与奥运会、世界杯足球赛并称为世界三大体育赛事。

汽车文化趣事多。本茨的妻子贝尔塔和两个儿子试车的壮举，梅塞德斯·奔驰车名的由来，慈禧太后乘车的传说，"的士"的来历，包罗万象的汽车车名……都是鲜为人知的轶事。

在肯定汽车对世界贡献的同时，我们不能不注意到，汽车给人类社会带来了严重公害。汽车对大气环境造成严重污染；汽车噪声是城市的主要噪声源；汽车可产生电磁波公害；汽车造成了大量交通事故；汽车消耗了大量石油资源；汽车保有量的增加使城市交通不畅。环境、能源、安全和畅通已成为汽车技术的四大课题。

未来汽车的发展趋势是：汽车轻量化；汽车燃料多样化；汽车能源电动化；汽车控制电子化、智能化。

现代交通运输包括铁路、公路、水路、航空和管道五种运输方式。它们既有相对独立性，又有互相依赖性；既有协作，又有竞争。我国的交通运输业是以铁路为骨干，公路为基础，充分发挥水路运输的作用，积极发展航空运输，适当发展管道运输，建设全国统一的综合交通运输体系。

第一章　汽车地位

1886 年 1 月 29 日,德国人卡尔·本茨(1844—1929 年)获得了第一件内燃机汽车制造专利证,从此人类社会开始进入现代汽车时代。作为公路运输工具的汽车和以汽车为产品的汽车工业,深刻地影响和改变了人们的生活。21 世纪,汽车作为现代化交通工具的重要战略地位是不可动摇的。

第一节　汽车工业在国民经济中的地位和作用

随着世界汽车工业的不断发展,汽车工业在世界经济发展中的地位越来越突出,汽车工业逐渐成为各主要汽车生产国的支柱产业,并对世界经济的发展和社会的进步产生巨大的作用和深远的影响。

一、汽车工业是优化交通结构的产业

现代交通结构由火车、汽车、飞机、船舶等现代交通工具组成,各自在交通结构中发挥着重要作用。其中,汽车所具有的普遍性和灵活性是其他现代交通工具无法相比的。

1. 普遍性

火车、飞机、轮船只适于作为公共交通工具,并要求有与之相适应的客货运输量。而汽车既适于作为公共交通工具,又适于作为家庭和个人的交通工具,既适于大批量客货运输,也适于小批量客货运输。

2. 灵活性

火车、飞机、轮船均属于线性交通工具,火车只能沿铁路运行,飞机只能沿航线飞行,船舶只能沿江河、湖海航行。而汽车属于地面交通工具,只要有道路就能行驶,它既可通向各个城市,又可通向广大农村,实现"门对门"的服务。

由于汽车所具有的普遍性和灵活性,才使得现代交通结构实现了公共交通与个人或家庭相结合,大批量客货运输与小批量客货运输相结合。火车、飞机、船舶运输也需要与汽车运输相结合,以汽车作为其终端运输工具,才能实现现代化运输的全过程,从而使现代交通结构达到完美的地步。

汽车运输在全社会运输量所占比重越来越大,已占据主导地位。近年来在美国、德国、法国、英国等国家,汽车在总客运周转量中所占比重在 90% 左右。1949—2014 年,我国汽车在客运总周转量中所占比重从 5.1% 提高到 86.4% 。

二、汽车工业是创造巨大产值的产业

汽车既是高价值的产品,又是批量大的产品,因而它能够创造巨大的产值。

早在 20 世纪 30 年代,美国汽车工业就创造了很高的产值,在制造业中名列前茅,占制造业产量的比重达 10% 以上。2015 年,美国向全球 200 多个国家出口汽车约 260 万辆,价值 650 亿美元,同时,还出口了价值约 810 亿美元的汽车零部件。2015 年,我国汽车制造业规模以上工业企业工业销售产值达到 7.02 万亿元,占我国规模以上工业企业工业销售产值的 6.36%。

三、汽车工业是波及范围广和效果大的产业

汽车工业对相关产业的影响,不仅表现在生产过程中,也表现在使用过程中。它波及原材料工业、设备制造业、配套产品业、公路建设业、能源工业、销售业、服务业和交通运输业等,而且波及效果大。1997 年,中国汽车工业对国民生产总值的影响系数为 9.92,即汽车工业每创造一个单位的增加值可为国民生产总值带来 9.92 个单位的增加值。汽车工业在一个大国强国的 GDP 中占据十分重要的地位。

四、汽车工业是提供较多就业机会的产业

扩大就业机会,是关系到人民生活和保障社会安定的重大问题。世界各国在发展经济中,普遍将扩大就业机会置于重要地位。汽车工业提供的就业机会不仅数量较大,而且涉及面较广,技术含量也较高。

在汽车产业中,既涉及其上游产业的科技进步和开发、技术集成、人才的培育,也涉及原材料工业、机械制造业、橡胶、电子、有色金属、原材料、塑料、化工等十多个行业,还涉及下游整车销售、售后服务、汽车维修、物流、资源再生、环保、金融、保险、物流器材、钢业等相关产业,波及交通、道路、旅游、房地产开发、运输业、保险等多个与汽车有联系的产业。

五、汽车工业是技术密集型的产业

汽车是高新技术的结晶,汽车工业所涉及的新技术范围之广、数量之多,一般是其他产业难以相比的。汽车是唯一一种零件以万计、产量以万计、保有量以亿计的高科技产品,其巨大的市场潜力,不断产生科技进步的力量,使汽车成为当代众多高新技术争相应用的强大载体,电子技术、信息技术在汽车上越来越广泛地得到应用,现代汽车已经发展成为用高新技术装备起来的产品。

六、汽车工业是强大的出口产业

汽车工业是资金和技术密集的大批量生产产业,不是任何国家都有条件发展汽车工业的。但是,世界上所有国家都需要大量汽车,这就决定了汽车工业成为强大的出口产业的地位。汽车工业是世界制造业中创汇最高的产业之一。

七、汽车工业是获得巨额税收的产业

汽车不仅在生产过程中有巨额税收,在销售、使用过程中也有巨额税收,而且后者显著高于前者。随着汽车工业的发展,汽车税收在国家总税收中占有越来越大的比重。

八、汽车工业是推进社会显著进步的产业

汽车是改变世界的机器,它既改变了生产,也改变了生活。汽车工业对推进社会进步发挥了显著的作用。它促进了城市发展,缩小了城乡差别,改善了人们生活质量。

纵观历史,20 世纪 20 年代美国经济的兴起,20 世纪 50 年代联邦德国、意大利、法国经济的起飞,20 世纪 60 年代日本经济的发达,无不以汽车工业的高速增长为前导。汽车已经成为一些国家经济的支柱产业。

第二节 简 谈 汽 车

"汽车"英文原意为"自行车"(Automobile)。在日本也称为"自动车",日本汉字中的"汽车"则是我们所说的"火车"。我国汽车的叫法是源于早期的汽车是由蒸汽机驱动而得名。

一、广义的汽车概念

汽车的概念与科学技术发展有着密切的联系,在不同的时期和国家其含义不同。

世界上最早的汽车是蒸汽汽车、电动汽车。以内燃机作动力源、装备齐全、性能较高的汽车的出现至今才一百多年,但其表现出来的优良性能淘汰了蒸汽汽车和电动汽车。因此,通常人们所说的汽车一般都是指内燃机汽车。但从广义上讲,汽车应包括蒸汽汽车、电动汽车、内燃机汽车和其他燃料汽车。

美国汽车工程师学会标准 SAE J687C 中对汽车的定义是:由本身动力驱动,装有驾驶装置,能在固定轨道以外的道路或地域上运送客货或牵引车辆的车辆。日本工业标准 JISK0101 中对汽车的定义是:自身装有发动机和操纵装置,不依靠固定轨道和架线能在陆上行驶的车辆。以上两种定义的汽车范围都较我国的广,它们可以包括二轮摩托车和三轮摩托车,接近于我国道路机动车所指的范围。

二、我国的汽车定义

我国国家标准《汽车和挂车类型的术语和定义》(GB/T 3730.1—2001)中对汽车的定义是:由动力驱动,具有四个或四个以上车轮的非轨道承载的车辆。

主要用于:载送人员和(或)货物;牵引载送人员和(或)货物的车辆;特殊用途。

根据上述的汽车定义,我国汽车产品应具有以下特征:

(1)车辆由动力驱动运行;

(2)应具有四个或四个以上车轮;

(3)车轮不得依靠轨道行驶;

(4)车辆的主要用途是载送人员或货物,或者牵引载送人员和货物的车辆,或其他特殊用途,但一般不包括自行式作业机械。

按照汽车的上述定义,我国二轮摩托车和三轮机动车都不属于汽车的范畴,不带动力装置的全挂车和半挂车不能算汽车,但当它们与牵引车组合成汽车列车后应属于汽车。

三、汽车的构造概述

汽车的构造如图1-1所示,确切地说汽车由汽车底盘和汽车车身两大部分组成。

汽车底盘如图1-2所示,是指包括汽车发动机和四个车轮在内的,能产生驱动力和控制汽车安全运行的全部行驶机构的总和。它是一个机械整体,只要加注燃料和冷却液,底盘就具备了车辆行驶的条件。汽车底盘由汽车的动力装置、传动系统、行驶系统、转向系统、制动系统等构成,还包括照明、信号装置,喇叭等。《道路车辆质量 词汇和代码》(GB/T 3730.2—1996)规定将发动机包括在汽车底盘之内。

a)汽车车身　　　　　　　　b)汽车底盘

图1-1　汽车的底盘和车身

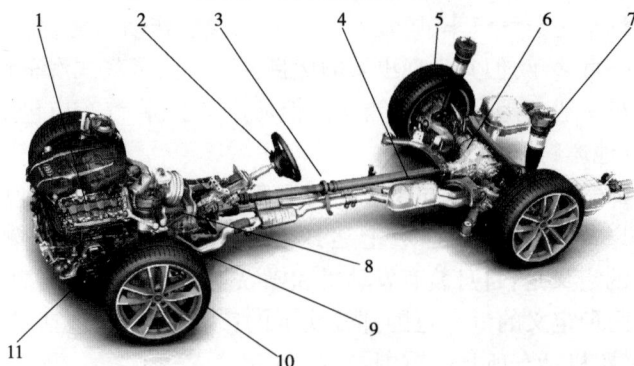

图1-2　汽车底盘

1-发动机;2-转向盘;3-万向节;4-传动轴;5-后轮;6-驱动桥;7-后悬架弹簧;8-变速器;9-前悬架弹簧;10-前轮;11-横拉杆

汽车车身指汽车底盘以外,装载乘客或货物、覆盖底盘的部分。对载货汽车而言,它包括汽车驾驶室、货箱、车前后覆盖件等。

习惯上,常将汽车分为发动机、底盘、电气设备和车身四部分。

四、汽车的分类

(一)国内分类

1. 车辆类型

《汽车和挂车类型的术语和定义》(GB/T 3730.1—2001)将汽车分为乘用车和商用车两大类。

乘用车是指在设计和技术特性上主要用于载运乘客及其随身行李和/或临时物品的汽车,包括驾驶人座位在内最多不超过9个座位。乘用车分类见图1-3。

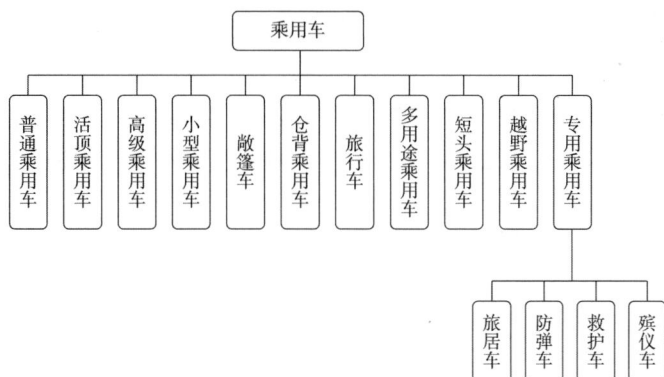

图 1-3 乘用车的分类

商用车是指在设计和技术特性上用于运送人员和货物的汽车,并且可以牵引挂车。商用车又分为客车、半挂牵引车和货车(图 1-4)。

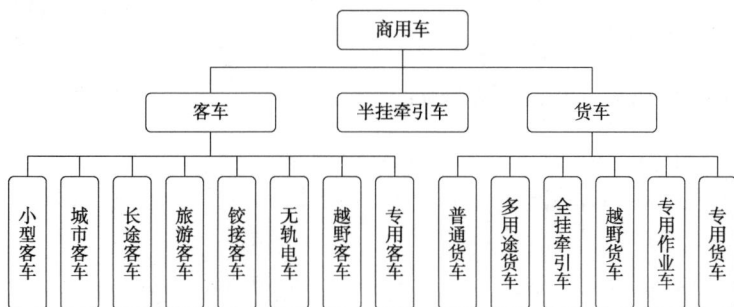

图 1-4 商用车的分类

客车是指在设计和技术特性上用于载运乘客及其随身行李的商用车辆,包括驾驶人座位在内的座位数超过 9 座。

2.机动车辆分类

《机动车辆及挂车分类》(GB/T 15089—2001)规定:机动车辆分为 L 类、M 类、N 类、O 类和 G 类。本部分重点讲述与汽车有关的分类。

1)M 类

至少有四个车轮并且用于载客的机动车辆。M 类又分为 M_1 类、M_2 类和 M_3 类。

(1)M_1 类:包括驾驶人座位在内,座位数不超过 9 座的载客车辆。

(2)M_2 类:包括驾驶人座位在内座位数超过 9 个,且最大设计总质量不超过 5t 的载客车辆。

(3)M_3 类:包括驾驶人座位在内座位数超过 9 个,且最大设计总质量超过 5t 的载客车辆。

2)N 类

至少有 4 个车轮且用于载货的机动车辆。N 类又分为 N_1 类、N_2 类和 N_3 类。

(1)N_1 类:最大设计总质量不超过 3.5t 的载货车辆。

(2)N_2 类:最大设计总质量超过 3.5t,但不超过 12t 的载货车辆。

(3)N_3 类:最大设计总质量超过 12t 的载货车辆。

另外,O类为挂车(包括半挂车),L类为两轮或三轮机动车辆。

(二)国外分类

国际上通常将汽车车型归并为两大类,一类为乘用汽车,另一类为商用汽车。

乘用汽车主要指轿车,一般也将与轿车近似的汽车(如轿车的各种变型车、轻型越野汽车)包括在乘用车内。

国际上按照发动机排量将轿车分为微型轿车、小型轿车、中型轿车、大型轿车和超大型轿车五级(表1-1)。

国际上轿车的分级　　　　　　表1-1

轿车分级	微型轿车	小型轿车		中型轿车	大型轿车		超大型轿车
	A	B	C	D	E	F	G
排量(mL)	<1000	1000~1300	1300~1600	1600~2000	2000~2500	2500~3000	>3000

乘用汽车以外的汽车统称为商用汽车。因此商用汽车种类很多,一般分为三类,即载货汽车、载客汽车和特种汽车。

五、国产汽车产品型号的编制规则

1959年前,中国第一汽车制造厂的汽车型号由该厂编制。例如CA10,"C"为车的汉语拼音的第一个字母,表示汽车制造厂,"A"为字母表的第一个字母,表示第一,并规定"10~29"表示载货汽车及其产品序号。

本教材第一章第三节引用的汽车型号是按照原一机部汽车总局提出的汽130—59《汽车产品型号编制规则》编制的。用拼音字母作为企业代号;型号中的数字由三位数构成,第一位数是汽车类别代号(表1-2),第二位数是汽车参数范围的代号(表1-3);第三位数表示产品序号,用数字0、1…依次表示,0为第一代产品,依此类推。对这种汽车产品编号规则举例说明如下。

例1:CA770是原中国第一汽车制造厂生产的第一代轿车,发动机排量(5.65L)代号为7。

例2:BJ212是原北京汽车制造厂生产的第三代越野汽车,装载质量(0.425t)代号为1。

例3:EQ140是原中国第二汽车制造厂生产的第一代载货汽车,装载质量(5t)代号为4。

国产汽车类别代号　　　　　　表1-2

车辆类别代号	车辆种类	车辆类别代号	车辆种类	车辆类别代号	车辆种类
1	载货汽车	4	牵引汽车	7	轿车
2	越野汽车	5	专用汽车	8	(未定义)
3	自卸汽车	6	客车	9	半挂车和专用半挂车

汽车的参数范围代号　　　　　　表1-3

汽车种类	参数范围代号						
	1	2	3	4	5	6	7
载货汽车	≤0.6	0.6~1.5	1.5~3	3~5	5~9	9~15	
越野汽车	≤0.6	0.6~1	1~2	2~4	4~7	7~12	12~15

续上表

汽车种类	参数范围代号						
	1	2	3	4	5	6	7
自卸汽车			≤2.5	2.5~4.5	4.5~7.5	7.5~15	15~30
客车	≤8	8~15	15~22	22~30	30~40	40	
轿车	≤0.4	0.4~0.7	0.7~1.3	1.3~2	2~3	3~4.5	4.5~6

注:1.载货汽车为公路上的装载质量(t),越野汽车为越野时的装载质量(t),自卸汽车为设计装载质量(t)。

2.客车的座位数仅为确定型号时的参考数据。

3.轿车以发动机的排量(L)表示。

我国在1988年后生产的汽车是按照《汽车产品型号编制规则》(GB/T 9417—1988)的规定编制产品型号。汽车产品型号由企业代号、汽车类别代号(表1-2)、主参数代号、产品序号组成,必要时可以附加企业自定代号。汽车主参数代号用两位阿拉伯数字表示。载货汽车、越野汽车、自卸汽车等的主参数代号表示汽车厂定最大总质量(t,近似值);客车的主参数代号与车辆长度有关(m,近似值,乘10);轿车的主参数代号与发动机排量有关(L,近似值,乘10)。对现行汽车型号编制规则举例说明如下。

例1:CA7220是中国第一汽车集团公司生产的轿车,发动机排量约为2.2L,第一代产品。

例2:EQ1092是东风汽车公司生产的第三代载货汽车,总质量为9100kg,近似为9t。

例3:CA6980是中国第一汽车集团公司生产的第一代客车,车长近似为9.8m。

经中国汽车工业协会建议,国家标准化管理委员会批准,自2002年3月1日起,《汽车产品型号编制规则》(GB/T 9417—1988)废止。

第三节　新中国汽车工业的崛起

新中国成立后,汽车工业迅速建立和发展。

一、旧中国的制造汽车梦

1901年,一个叫李恩思(Leine)的匈牙利人将两辆美国生产的奥兹莫比尔汽车(图1-5)从香港运到上海,从此中国开始出现汽车。

中国人拥有的第一辆汽车(图1-6),是1902年作为送给慈禧的礼物漂洋过海来到中国的。慈禧将它打入"冷宫",实际上代表了垂死的封建王朝对现代文明的一种本能式的抗拒。

1903年以后,上海已陆续出现了从事汽车或零件销售、汽车出租的洋行。1929年汽车进口量已达8781辆,世界各国汽车蜂拥而入,1930年中国汽车保有量为38484辆,却没有一辆国产汽车。不少有志之士,都想制造中国自己的汽车,可是限于当时的条件,都没能实现。

(1)孙中山是最早提出要建立中国汽车工业的人。

孙中山先生1912年在江阴视察江防工作时,曾作了"关于道路与自动车建设"的专题报告,阐明了修筑公路、开办长途客货汽车运输对货畅其流、便利交通、发展经济的重要作用。

图 1-5　1901 年输入上海的两辆汽车之一

图 1-6　慈禧太后乘坐的汽车

在孙中山先生 1920 年发表的《建国方略》一书中讲到:"……最初用小规模,而后逐渐扩大,以供四万万人之需要。所造之车当合于各种用途,为农用车、商用车、旅行用车、运输用车等。一切车以大规模制造,实可较今更廉,欲用者皆可得之。"

(2)张学良是第一个组织生产国产汽车的人。

1928 年,张学良在东北"易帜"后,要"化兵为工",在辽宁迫击炮厂(原为奉天迫击炮厂)内成立了民用工业制造处,后改称为辽宁民生工厂,试制汽车。中国人当时还没有生产汽车的经验,于是聘请了美国人迈尔斯为总工程师。1929 年 3 月,民生工厂引进了一辆美国瑞雷号汽车进行装配试验,并以该车为样板,于 1931 年 5 月成功试制了一辆命名为民生牌 75 型汽车,它开辟了中国人自制汽车的先河。可惜的是第二辆汽车没制造出来,"九·一八"事变发生了,东北三省被日本占领。

继民生牌汽车之后,20 世纪 30 年代国产汽车试制工作在国内许多地方进行,但均以失败而告终。

旧中国的造车梦毁于统治者的腐败无能,毁于帝国主义的硝烟战火。新中国成立以后,才建立和发展了中国的汽车工业。

二、新中国汽车工业的崛起

中华人民共和国的成立,为中国汽车工业开辟了新的道路。经过半个多世纪的艰苦努力,形成了一个产品种类齐全、生产能力较大的汽车工业体系。2016 年,我国汽车年产量为 2811.88 万多辆,居世界汽车年产量第一位。我国汽车工业的发展可概括为初创、成长和全面发展三个阶段。

(一)初创阶段(1949—1965 年)

初创阶段的特征是:首先建成了中国第一汽车制造厂,实现了中国汽车工业零的突破;接着建立了南京汽车制造厂、上海汽车制造厂、济南汽车制造厂、北京汽车制造厂,形成了五个汽车生产基地。

1.汽车工业的筹划

1949 年,中华人民共和国成立后,就开始了建立我国汽车工业的筹划工作。

1950 年 1 月,毛泽东主席和周恩来总理率领中共中央代表团访问苏联,商定苏联援助中国建设 156 项重点工程,其中包括建设一座现代化汽车厂。

1950 年 3 月 27 日,中央重工业部成立汽车工业筹备组,任命郭力为主任,孟少农、胡云芳为副主任。

1952 年秋,党中央任命饶斌为第一汽车制造厂厂长。

1953 年 6 月 6 日,毛主席签发《中共中央关于力争三年建设长春汽车厂的指示》。

2. 第一汽车制造厂的建立

1953 年 7 月 15 日,在长春孟家屯举行了隆重的第一汽车制造厂建设奠基典礼。由李岚清等六名青年优秀共产党员,将毛主席亲笔题词"第一汽车制造厂奠基纪念"汉白玉基石放在基座上,中国第一汽车制造厂的建设从此拉开了序幕,开始了我国汽车工业史上一场规模宏大的建设。第一汽车制造厂总体规划项目共 106 项,总投资 6 亿元,第一期工程占地面积为 150 万 m^2。

1956 年 7 月 15 日,第一批国产解放牌汽车(图 1-7,原型是苏联莫斯科斯大林汽车制造厂生产的吉斯 150 型汽车)从总装配线上驶出,这表明中国不能制造汽车的历史从此结束,为中国汽车工业树起了里程碑,圆了几代人的汽车梦。

图 1-7　解放 CA10 型载货汽车

1957 年 5 月,第一汽车制造厂按照原一机部通知开始设计轿车。

1958 年 5 月 □ 日,第一汽车制造厂生产出第一辆东风 CA71 型轿车(图 1-8),是中国人制造的第一辆轿车,迈出了中国人自制轿车的第一步。东风轿车前端的发动机罩上装饰了一个金龙腾飞的车标。

图 1-8　东风 CA71 型轿车

1958 年 7 月,第一汽车制造厂又试制出红旗 CA72 型高级轿车(图 1-9)。发动机为 8 缸、V 形排列,功率为 162kW(4000r/min),装用自动变速器。散热器罩窗孔采用中国传统的扇子造型,后灯采用大红宫灯,发动机罩上方标志是三面红旗。红旗牌高级轿车是国产高级轿车的先驱。1963 年 8 月,第一汽车制造厂建成具有小批量生产能力的轿车分厂,并逐步形成具有批量生产能力的红旗牌轿车生产基地。经过进一步改进产品性能和质量,第一汽车制造厂又试制出红旗 CA770 型三排座高级轿车。1966 年 4 月,首批 20 辆红旗 CA770 型轿车送到北京,作为国家主要领导人乘坐用车。

图 1-9　红旗 CA72 型轿车

红旗是一个国内外驰名的品牌,2000 年 7 月 15 日,人们期待已久的"红旗"跨世纪换代产品——"红旗世纪星"(红旗 CA7202E3),载着一汽人的希望和寄托,缓缓地驶出了生产线。她的诞生,标志着红旗品牌正以全新的理念、全新的模式、全新的成果跨越时空进入与国际接轨的发展阶段。红旗世纪星轿车具有百分百的知识产权,可以在充分自主的条件下,进行全球采购;红旗世纪星轿车充分采用国际现代轿车技术,具有较高的科技含量;红旗世纪星轿车的问世,带动了整个红旗系列轿车平台的升级。

3. 五个汽车生产基地的形成

至1966年,我国汽车工业已形成第一汽车制造厂、南京汽车制造厂、上海汽车制造厂、济南汽车制造厂、北京汽车制造厂五个汽车生产基地,基本填补了汽车类型的空白。

1)南京汽车制造厂

1958年3月10日,第一辆跃进NJ130型轻型载货汽车(图1-10,原型是苏联高尔基莫托洛夫汽车制造厂生产的嘎斯51型汽车)在南京汽车制造厂诞生了。跃进——与时代合拍的车名。跃进NJ130型汽车投产后成为当时我国轻型载货汽车的主力车型。南京汽车制造厂的前身是一个随军枪炮修理厂,1947年3月27日诞生在硝烟弥漫的山东战场,后在南京落户,定名为中国人民解放军第三汽车制造厂,后又更名为南京汽车制配厂和南京汽车制造厂。

图1-10　跃进NJ130型轻型载货汽车

2)上海汽车制造厂

20世纪五六十年代,除了少量的红旗轿车供中央领导和省部级领导使用外,迫切需要一种普及型轿车供公务用。上海因其技术和经济上的优势,不失时机地开始向轿车领域进军。新中国成立前上海汽车制造厂是一家汽车修配厂。1957年开始生产越野汽车,1958年生产上海SH58—1型三轮车。1958年9月,第一辆国产凤凰牌轿车诞生,开创了上海制造轿车的历史。1964年12月,凤凰牌轿车更名为上海SH760型轿车(图1-11),该车一直到20世纪80年代上海桑塔纳轿车投产才退出历史舞台。

3)济南汽车制造厂

济南汽车制造厂的前身是始建于1935年的一家汽车配件厂。1959年,济南汽车制造厂参照了捷克生产的斯柯达706RT 8t载货汽车设计我国的重型载货汽车。1960年4月,试制成功了黄河JN150型重型载货汽车(图1-12)。从此,黄河汽车驰骋于祖国大地。

4)北京汽车制造厂

在中国,提起吉普车,人们会自然地联想到北京BJ212轻型越野汽车。其实,吉普并不是轻型越野汽车的别称,吉普是美国克莱斯勒公司的一种越野汽车的商标。

图1-11 上海 SH760 型轿车

图1-12 黄河 JN150 型重型载货汽车

在我国解放初期,我军战术指挥车除在战争期间缴获的美式吉普车外,一直依靠苏联提供的嘎斯 69 型越野汽车。20 世纪 60 年代初,中国与苏联关系破裂,我国军用指挥车失去了供应来源,于是中央军委指示一定要尽快开发出部队装备用车。1961 年,国防科委批准了关于以北京汽车制造厂作为生产轻型越野汽车的基地。1961 年,试制出第一辆北京 BJ210 型轻型越野汽车,经过改进试制,1963 年 3 月定名为北京 BJ210C 型轻型越野汽车。1964—1966 年,试制、鉴定定型北京 BJ212 型轻型越野汽车(图 1-13)。从此北京汽车制造厂成为我国轻型越野汽车的生产基地。

在初创阶段的 16 年间,汽车工业共投资 11 亿元,生产能力近 6 万辆,9 个品种。1965 年生产汽车 4.05 万辆,其中轿车 133 辆,轻型越野汽车 378 辆,其他越野汽车 1930 辆,载货汽车 2.65 万辆,有 1.15 万辆汽车底盘供改造客车和专用车。至 1965 年,全国共有汽车企业 522 家,职工 14.3 万人,汽车工业总产值 14.8 亿元。

图1-13 北京 BJ212 型越野汽车

(二)成长阶段(1966—1980 年)

成长阶段的特征是:先后兴建了第二汽车制造厂、四川汽车制造厂和陕西汽车制造厂三个主要生产军用越野汽车的三线汽车制造厂;开发矿用自卸汽车和重型汽车;五个老汽车生产基地为包建、支援第二汽车制造厂、四川汽车制造厂和陕西汽车制造厂做出了巨大贡献,其自身也得到一定发展;地方积极建设汽车制造厂。

1. 第二汽车制造厂的建立

1964 年,第二汽车制造厂建设被列入第三个五年计划。当时由于备战需要,中央指示第二汽车制造厂要建在三线的群山之中。

1965 年 12 月 21 日,第二汽车制造厂筹备处成立,由饶斌、齐抗、李子政、张庆梓、陈祖涛五人组成领导小组,由饶斌、齐抗负责。跋山涉水,第二汽车制造厂选址历时八年。早在 1958 年,准备在湖南建设第二汽车制造厂,后来因铁路建设改变计划,1966 年 5 月 10 日决定第二汽车制造厂建在湖北省郧县十堰镇的深山沟里。

1967 年 4 月 1 日,第二汽车制造厂举行开工典礼大会。第二汽车制造厂兴建期间正是"文化大革命"时期,后由于各种干扰被迫停工。1969 年 9 月,在国务院的领导下,扭转了第二汽车制造厂建设停工的局面,步入大规模建设阶段。1975 年 7 月 1 日,建成第一个基本车型东风 EQ240 型 2.5t 越野汽车生产基地。1978 年 7 月 15 日,建成第二个基本车型东风 EQ140 型 5t 载货汽车生产基地。

当时,第二汽车制造厂的建设规模是空前的。在建设的高峰时期,仅施工队伍和辅助力量就达到 5.5 万人之多。1985 年,经国家验收委员会核定,第二汽车制造厂累计投资 21.74 亿元,完成建筑面积 289.14 万 m^2。

2. 四川汽车制造厂和陕西汽车制造厂的建立

四川汽车制造厂负责生产 10t 以上的重型军用越野汽车,在中国汽车工业总公司的领导下,于 1964 年建厂工作全面展开。当时边研制开发产品,边筹建工厂。产品经过几轮的试制、试验和改进,最后定型为红岩牌 CQ261。按照三线选择厂址的要求,几经周折,才将厂址选定在四川大足,靠近巴岳山麓。

陕西汽车制造厂负责生产 5t 军用越野汽车,定型为延安 SX250 型。几经考察,厂址选定在陕西省的岐山县渭河南岸的麦里西沟,是名副其实的"靠山、隐蔽"的小山沟。从 1965 年选厂址开始,直到 1978 年 3 月 14 日原一机部正式批准验收投产为止,历时 13 年才建成。

3. 开发生产矿用自卸汽车

为适应冶金工业"大打矿山之仗"的需要,从 1969 年开始,汽车行业开发生产矿用自卸汽车,主要有:上海的 32t 矿用自卸汽车;天津和常州的 15t 矿用自卸汽车;北京的 20t 矿用自卸汽车;第一汽车制造厂和本溪的 60t 矿用自卸汽车等。

4. 地方积极建设汽车制造厂

20 世纪 60 年代后期,中央提出了调动地方积极性,建设地方工业体系的方针。从 1969 年开始,全国各省、自治区(除西藏外)均建设汽车制造厂。这些工厂规模小、技术水平低,汽车生产的分散局面开始形成。

1980 年,我国的汽车年产量为 22 万辆,其中轿车为 5418 辆,轻型越野汽车为 2.04 万辆,其他越野汽车为 7600 辆,载货汽车为 13.6 万辆,有 4.8 万辆汽车底盘供改造客车或专用车。

至 1980 年,汽车制造厂为 56 家,汽车行业企业总数为 2379 家,从业人员为 90.9 万人,汽车工业总产值为 88.4 亿元。

(三)全面发展阶段(1981 年至今)

1978 年 12 月召开的党的十一届三中全会,确立了改革开放的路线,中国汽车工业也随之揭开了新的一页。这一阶段的特征是:党和政府提出要把汽车工业发展成为支柱产业;在产量不断提高的同时,加快进行产品结构调整,形成比较完整的汽车产品系列;改变过去封闭的发展模式,引进国外先进技术和资本;轿车工业迅猛发展,由此也拉开了汽车进入家庭的序幕。

1978 年,全国生产汽车 14 万辆,其中轿车 2640 辆,汽车生产总值约 60 亿元人民币。2007 年,全国生产汽车 888 万辆,其中轿车约 490 万辆,汽车工业总产值超过 2 万亿元。2014 年全国汽车产量 2372 万辆,其中轿车 1248 万辆,汽车制造业规模以上工业企业销售产值已经超过了 6.6 万亿元。

我国汽车出口始于 1958 年,当年仅出口了 22 辆。1958—2002 年的 45 年间汽车累计出口数量也只有 25 万辆。从 2003 年开始,我国汽车出口开始快速增长,当年出口汽车 3.7 万辆,2005 年我国首次实现汽车整车出口量大于进口量,2007 年出口汽车 61.4 万辆,汽车出口总额从 20 亿美元发展到超过 300 亿美元,2014 年出口汽车 94.8 万辆,出口总额达到 830 多亿美元。汽车出口品种由最初单一的货车出口,发展为商用车、乘用车全面出口,出口由以发展中国家为主开始转向发达国家,由单一的产品出口向资本和技术出口转变。

2000 年,"鼓励轿车进入家庭"首次写进了国家制定的"十五"规划的建议中。从 2000 年开始,乘用车产量从 60 万辆发展到 2007 年的 532 万辆,年平均增速达到 30% 左右。2014 年更达到了 1248 万辆,7 年的时间翻了一番多。以私人轿车为主导的汽车市场快速增长,成为继房地产后拉动中国经济增长的又一大产业,使中国迅速成为世界汽车工业的制造大国。如今,汽车工业已经成为我国国民经济的支柱产业。汽车产业拉动了消费、促进了就业、提高了消费者生活水平,构建起了和谐的汽车社会。

中国汽车工业的发展成就举世瞩目。如今,中国已成为世界第一汽车消费大国、世界第一汽车生产大国。中国地域广阔、政治稳定、社会繁荣、工业基础相对较好、劳动力成本相对较低,中国汽车工业发展趋势良好(特别是民族汽车工业的发展壮大),正以积极的姿态融入国际市场。

1. 发展汽车工业的政策陆续出台

党的十四大、八届人大做出振兴机械、汽车等产业,使之成为国民经济支柱产业的重大决策,确立了汽车工业在我国经济发展中的战略地位。

1994 年 7 月 4 日,国务院批准发布了《汽车工业产业政策》。这是我国汽车工业的一部政策性法规,也是我国工业行业第一部出台的政策性法规。这部法规,阐明了政策目标和发展重点、产品认证和产业组织、产业技术等有关方面的规定。

2004 年 5 月,为适应加入世贸组织后国内外汽车产业发展的新形势,推进汽车产业结构调整和升级,国家发改委发布了《汽车产业发展政策》。从工业到产业的转变,说明了汽车作为一个巨大产业链对于整个经济增长、社会发展、消费习惯的重要作用。

2009 年 1 月出台的《汽车产业调整与振兴规划》,则是面临金融危机,对于原来汽车产业政策的再次重大修订。其中,特别突出了自主品牌的内容,说明国家从政策方面更加清晰、直接地鼓励中国汽车企业打造自主品牌。

2014 年 7 月,国务院办公厅发布《关于加快新能源汽车推广应用的指导意见》,以加快新能源汽车的推广应用,有效缓解能源和环境压力,促进汽车产业转型升级。

2. 产品结构调整步伐加快

1987 年、1988 年,生产时间最长的三个载货汽车老产品换型,转产新解放、新跃进和新黄河。1989 年 6 月 23 日,我国第一辆斯太尔重型载货汽车在济南汽车制造厂下线。原第二汽车制造厂在东风 EQ140 型载货汽车的基础上,又生产出东风 EQ1092 型等新型载货汽车。

20 世纪 80 年代中、后期,随着改革开放等一系列方针政策的贯彻执行,我国轻型载货汽车工业得到了迅速发展。

2000 年我国重、中、轻、微型载货汽车产量占载货汽车总产量的比重分别为 10.7%、20.2%、51.1%、18.0%。

20 世纪 80 年代,我国初步形成微型汽车制造工业,经过"七五""八五"期间的技术改造,我国微型汽车已形成年产 60 万辆的生产能力。我国建成了长安汽车(集团)有限责任公司、柳州微型汽车厂、昌河飞机工业公司、哈尔滨哈飞汽车制造有限公司、天津华利汽车公司五大微型汽车生产基地。

我国轿车工业发展较晚,20 世纪 80 年代初,国内轿车工业几乎空白,仅有供高层领导和迎宾用的红旗牌高级轿车和供公务用的上海牌中级轿车,不足部分依赖进口解决。1981—1990 年 10 年间共进口轿车 351042 辆(含 CKD 散装件),相当于同期国产轿车 165910 辆的 2.1 倍,累计用外汇近 30 亿美元。从 1983 年开始,国家有关部门对发展我国轿车工业进行研讨。1987 年 5 月,中国汽车工业发展战略研讨会在第二汽车制造厂召开,提出中国轿车的发展与普及和中国汽车工业发展战略建议。1987 年 8 月,国务院北戴河会议讨论发展轿车工业问题,确定建设第一汽车制造厂、第二汽车制造厂和上海汽车制造厂 3 个轿车生产基地。1990 年,中国轿车工业的三大基地进一步调整,上海汽车工业总公司成立。

1994 年,是中国汽车史上值得纪念的一年。这一年国家出台了《汽车产业发展政策》,国家开始对汽车产业的发展方向进行了重新定位,其中重要的是把汽车和家庭联系起来。家庭轿车市场孕育多年的潜能被放大,激发了富裕起来的中国人对轿车强烈的购买热情,拥有一辆自己的轿车不再是遥远的梦想,中国轿车工业的春天开始到来。

在相当长的一段时期内,我国的汽车生产处于以中型载货汽车为主、缺重少轻、轿车几乎空白的局面。1997 年之后这一问题开始得到解决,汽车产品结构趋向合理。如今,为了适应家庭轿车市场的蓬勃发展,各大汽车厂商纷纷推出自己的轿车,产品线也日益丰富起来。

1990—2000 年,轿车、客车、载货汽车产量占总产量的比重分别从 8.3%、25.1% 和 66.6% 调整为 29.3%、27.9% 和 41.7%;而到了 2014 年,这一比重则分别为 52.6%、6.7%、13.2%。可见,轿车得到了充分的发展,已经超过了汽车总产量的一半。商用车的比重持续下降,且降幅较大,但在 2011 年之前的年产量基本保持不断增长趋势,2010 年,客车年产量达到了 246.53 万辆,载货汽车年产量则达到了 391.57 万辆。2012 开始,客车年产量开始下降,2014 年降到 158.7 万辆,2011—2014 年,载货汽车年产量则在 310 万辆左右。

2014 年我国民用汽车保有量 14598.11 万辆,比 2010 年末增长 87.11%。其中私人汽车保有量 12339.36 万辆,比 2010 年末增长 107.78%,短短四年时间,民用汽车就得到了快速的发展。2014 年私人载客汽车 10945.39 万辆,占私人汽车保有量的 88.7%,比 2010 年末增长 4.68%;私人载货汽车 1352.78 万辆,占私人汽车保有量的 10.96%,比 2010 年末减少 4.73%。

3. 引进国外先进技术和资本取得进展

改革开放后,我国汽车工业由计划经济体制向市场经济体制转变。为改变汽车工业"缺重少轻、轿车几乎空白"的局面,我国政府开始以各种方式引进国外的先进技术、设备和资金。在我国汽车工业进入全面发展阶段后,开始对外开放,积极引进国外先进技术和资本。1983 年北京汽车制造厂和美国 AMC 公司合资成立的北京吉普汽车有限公司、1984 年上海汽车工业总公司与德国大众汽车公司合资成立的上海大众汽车有限公司以及 1985 年广州汽车公司和法国标致汽车公司合资成立的广州标致汽车公司等都是这一时期合资企业的代表。到 1998 年底,我国汽车行业已与 20 多个国家和地区的企业建立了 600 多家外商投资企业。外商投资总规模为 210 亿美元,其中注册资本为 106 亿美元,外资实际到位 45 亿美元,引进了 300 多项整车和零部件技术,从而加大了汽车投资力度,促进了技术水平和管理水平的提高。

通过合资,中国汽车工业得到了迅速发展,中国制造的汽车无论在数量还是质量上都有质的飞跃,国内汽车企业引进了先进的生产工艺,提升了产品的研发能力,实现了技术水平和产品的升级。在轿车领域,虽然引进外资对自主汽车品牌、我国零部件产业以及一些汽车核心技术的自主发展带来了一定的负面影响,但总体上给中国带来的影响是积极的。

4. 生产集中度不断提高

改革开放以来,我国汽车工业得到了较快的发展,形成了比较完整的汽车产品系列和生产布局,建成了第一汽车集团(一汽)、东风汽车集团(东风)、上海汽车工业(集团)公司(上汽)等大型企业。《汽车工业产业政策》颁布后,国家对汽车工业的扶持政策向重点骨干企业倾斜,80%以上的投资集中于前13家骨干企业,促进了我国汽车工业组织结构的优化。2000年,前13家骨干企业汽车生产集中度超过90%,其中一汽、东风、上汽三家企业集团汽车生产集中度达到44%,轿车生产集中度超过70%。

2007年12月,中国三大汽车集团之一的上汽和我国特大型汽车骨干生产企业南京汽车集团正式实施全面合作。2009年,国家出台了《汽车产业调整和振兴规划》,提出鼓励上汽、一汽、东风和长安汽车集团(长安)四大汽车集团进行全国性的兼并重组,鼓励北京汽车集团(北汽)、广州汽车集团(广汽)、奇瑞汽车公司(奇瑞)和中国重汽集团(中国重汽)四小汽车集团进行区域性的兼并重组,为此,掀起新一轮重组浪潮——广汽兼并长丰,长安收购哈飞、昌河,广汽收购吉奥,北汽收购宝龙,中国重汽收购成都王牌商用车等。

2011年7月,中国汽车工业协会发布的《中国汽车工业三十强企业信息发布报告》(以下称《报告》)显示,进入2010年汽车三十强的企业,包括21家整车制造企业,4家汽车零部件企业,5家摩托车整车制造企业。其中,主营业务收入排名前6位依次是:上汽集团、一汽集团、东风公司、北汽控股、广汽集团、长安集团。这6家企业主营业务收入都在1000亿元以上。而2003年我国仅有一汽集团一家主营业务收入过千亿元。

《报告》显示,2010年,我国73家整车企业共生产汽车1826.47万辆,其中30家大企业中整车企业生产1740.82万辆,占95.31%,比2009年上升1.54%;2010年,上汽的产销量已高达350万辆以上,一汽、东风、长安的产销都已超过或接近250万辆,进入世界公认的大企业行列。汽车行业中上汽、东风、一汽、长安销量在全行业中占比达62%,前十位大企业共生产汽车1567.41万辆,生产集中度高达86.31%,远远超过钢铁、家电等其他制造业。

2011年12月,国务院发布《工业转型升级规划(2011—2015年)》;2013年1月,工信部发布《关于加快推进重点行业企业兼并重组的指导意见》。两个文件中均明确指出,汽车行业到2015年,前10家整车企业产业集中度达到90%,形成3~5家具有核心竞争力的大型汽车企业集团。

事实证明,汽车行业集中度与汽车工业的集群化发展密不可分。随着多年的发展,我国汽车工业的集群化效应初步显现,目前已形成六大区域为代表的汽车产业集群化发展趋势。这六大区域分别是:长江三角洲、珠江三角洲、东北地区、京津地区(环渤海经济区)、华中地区、西南地区,而这六大区域又各具特点与优势。

(1)长江三角洲。目前上海是我国最大的轿车生产基地,上汽集团拥有上海大众、上海通用两大轿车合资生产企业和上海股份汽车公司。在其周围,还集聚了50多家世界一流的汽车零部件合资企业以及汽车贸易与营销、汽车物流、汽车检测机构等,是一个集多种功能于一体的汽车综合产业区,在全国处于领先地位。

(2)珠江三角洲。以广州为中心,正在建设黄埔、花都和南沙开发区三大汽车生产基地。广汽是珠三角汽车产业集群的主体,日系车主要集中在此。

(3)东北地区。吉林有全国三大汽车集团之一的一汽集团,黑龙江省有哈飞汽车集团,辽宁省则有华晨汽车,德国宝马与华晨合资建立的华晨宝马位于沈阳。此外,东北地区的汽车零部件企业也具有一定实力,吉林省还是我国汽车工业人才培养和科学研究的重要基地。

(4)京津地区(环渤海经济区)。北京目前已形成北京现代、北京吉普和北汽福田各具特色的三大板块。天津也有天津丰田、天津一汽等核心整车企业。同时,天津既有众多有实力的汽车零部件企业,也有便捷的交通网络优势。

(5)华中地区。东风汽车集团及其旗下的众多合资企业是华中地区的产业集群主体,近年来陆续与日产、本田等开展合资合作,武汉汽车产业集群规模初具。

(6)西南地区。重庆拥有中国最大的微车生产企业长安汽车集团,还有诸如重庆重型汽车集团等汽车生产企业。在重庆北部新区,规划建设有以福特轿车为主体,集生产、研发、贸易、博览等综合功能于一体的"十里汽车城"。

目前,我国汽车产业集群在以上区域已初具雏形,六大汽车产业集群初步形成。可以说,汽车产业集群化,是中国汽车工业从无到有、由小到大,并逐步迈向由大变强的发展新阶段的一个标志。

1955年,中国汽车产量仅有61辆,且全部为载货汽车。1975年,汽车产量达到了近14万辆,1995年达到了145万辆,2005年达到了570万辆。2009年,中国汽车产销分别为1379.1万辆和1364.5万辆,中国汽车产销量首次跃居世界第一。2014年,中国汽车产量达到2372万辆;2015年增幅趋缓,汽车产量为2450万辆。截至2015年,我国汽车产销量已经连续7年排名世界第一。我国历年汽车年产量见图1-14。

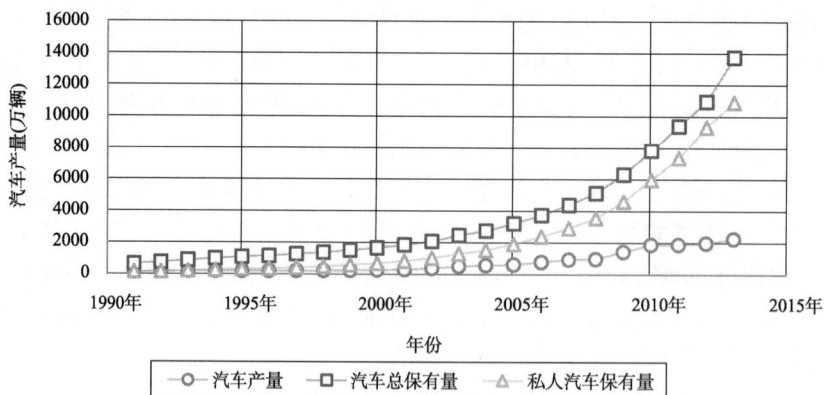

图1-14 1998—2014年我国汽车产量

1995年,我国民用汽车保有量1040万辆,其中私人汽车拥有量249万辆,占比24%;2005年,我国民用汽车保有量3159万辆,其中私人汽车拥有量1848万辆,占比58%;2014年,我国汽车保有量14598万辆,其中私人汽车拥有量12399万辆,占比85%。从图1-15不难看出,我国私人汽车在民用汽车保有量中的比例呈快速抬升的态势,目前已经超过80%,这标志着中国汽车消费已经完全进入以私人消费为主的发展阶段。

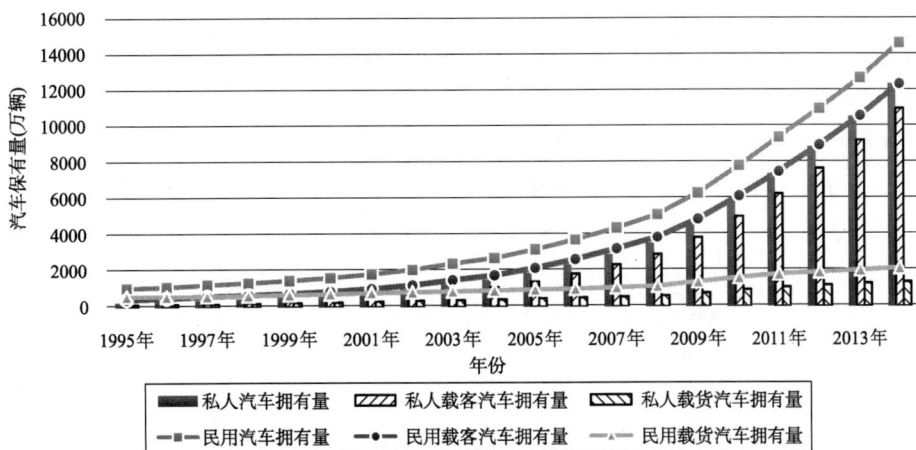

图 1-15　1995—2014 年中国汽车保有量的变化

我国六十多年来的汽车发展遭遇了各种坎坷,但坎坷中又孕育了希望,如今中国的汽车工业生机勃勃,相信不久的将来,随着我国汽车技术的深入发展,中国必将成为世界汽车工业强国。

第四节　世界汽车工业的发展趋势

世界汽车工业发展和市场的国际化将为我们学习国外先进技术和管理经验提供有利的外部环境。

世界汽车工业的发展趋势概括为:世界汽车年产量在波动中持续增长,产品结构有所变化;世界汽车工业全球化步伐加快;世界汽车工业正在进行新的技术革命。

一、世界汽车年产量持续增长

近年来世界汽车年产量仍然保持增长趋势,但趋势变缓。1999 年世界汽车年产量为 5574.3 万辆,到 2007 年世界汽车年产量达 7310.17 万辆,其中轿车生产 5304.2 万辆,比 1999 年增长 25.7%;商用车生产 2005.97 万辆,比 1999 年增长 28.5%。2014 年,世界汽车产量为 8974.74 万辆,销量为 8824 万辆,乘用车的增长趋缓,但增幅仍保持领先。

根据世界汽车制造商协会(OICA)统计,2014 年世界汽车年产量前 14 位生产国位次见表1-4。

2014 年世界各国汽车(分车型)产量前 20 位生产国位次　　　　表 1-4

	国家和地区	乘用车(辆)	增长率(%)	商用车(辆)	增长率(%)	总计(辆)	增长率(%)
1	中国	19919795	10.15	3803095	-5.69	23722890	7.26
2	美国	4253098	-2.65	7407601	10.60	11660699	5.37
3	日本	8277070	1.07	1497488	3.93	9774558	1.50
4	德国	5604026	3.02	303522	9.06	5907548	3.31
5	韩国	4124116	0.04	400816	0.5	4524932	0.08

续上表

国家和地区		乘用车(辆)	增长率(%)	商用车(辆)	增长率(%)	总计(辆)	增长率(%)
6	印度	3158215	0.08	681945	−8.18	3840160	−1.49
7	墨西哥	1915709	8.11	1449597	13.00	3365306	10.16
8	巴西	2314789	−14.99	831329	−15.98	3146118	−15.25
9	西班牙	1898342	8.19	504636	23.48	2402978	11.08
10	加拿大	913533	−5.35	1480357	4.65	2393890	0.59
11	俄罗斯	1683677	−12.29	202969	−23.31	1886646	−13.63
12	泰国	742678	−30.66	1137329	−17.94	1880007	−23.49
13	法国	1495000	2.54	322000	14.18	1817000	4.43
14	英国	1528148	1.22	70731	−19.72	1598879	0.06
15	印度尼西亚	1011260	9.35	287263	2.01	1298523	7.64
16	捷克	1246506	10.46	4714	5.74	1251220	10.44
17	土耳其	733439	15.76	437006	−11.17	1170445	3.99
18	伊朗	925975	46.84	164871	45.84	1090846	46.69
19	斯洛伐克	993000	1.85	0	—	993000	1.85
20	意大利	401317	3.31	296547	9.94	697864	6.03

二、世界汽车工业全球化趋势步伐加快

汽车工业是国际性产业,各大汽车集团向跨国集团发展,即全球化。全球化包括汽车开发的全球化、销售战略的全球化和销售服务的全球化。

长期以来,国际上汽车工业的兼并从未停止,世界各大厂商都在致力于不断地谋求竞争优势,并以挫败或兼并竞争对手为目标。但在20世纪后期,随着各大厂商竞争实力的接近,国际汽车工业的竞争观念发生了一些变化。其竞争目标已不再是击败对手,而是强调联合、合作和共同发展。合作厂家之间追求的是达到分摊开发汽车高新技术的巨大研究费用,降低自己独立开发的投资风险;绕开出口贸易壁垒,以争取目标市场的政府支持;利用对方已有的厂房设备以及市场网络,降低生产、销售和储运成本,提高产品市场竞争力;从而最终达到发展和增强竞争实力的目的。汽车跨国联盟已成为世界汽车工业发展的潮流。2014年世界前20家汽车公司排位和产量见表1-5。

2014年世界前20家汽车公司排位和产量　　　　　　　　表1-5

排　　序	汽车制造厂商	汽 车 产 量				
		总产量(辆)	乘用车(辆)	轻型商用车(辆)	重型载货车(辆)	大客车(辆)
1	丰田	10475338	8788018	1405072	277159	5089
2	大众	9894891	9766293	128598	—	—
3	通用	9609326	6643030	2951895	10875	3526
4	现代	8008987	7628779	280684	84387	15137
5	福特	5969541	3230842	2643854	94845	—

续上表

排　序	汽车制造厂商	汽 车 产 量				
		总产量(辆)	乘用车(辆)	轻型商用车(辆)	重型载货车(辆)	大客车(辆)
6	日产	5097772	4279030	796992	21750	—
7	菲亚特	4865758	1904618	2812345	102997	45798
8	本田	4513769	4478123	35646	—	—
9	铃木	3016710	2543077	473633	—	—
10	标致雪铁龙	2917046	2521833	395213	—	—
11	雷诺	2761969	2398555	363414	—	—
12	宝马	2165566	2165566	—	—	—
13	上汽	2087949	1769837	265087	52715	310
14	戴姆勒	1973270	1808125	165145	—	—
15	长安	1447017	1089179	262797	95041	—
16	马自达	1328426	1261521	66905	—	—
17	东风	1301695	745765	201667	340955	13308
18	三菱	1262342	1199823	61302	1217	—
19	北汽	1115847	538027	278949	293055	5816
20	塔塔	945113	614247	11399	304829	14638

三、世界汽车工业进行新的技术革命

汽车市场的竞争实质上是现代科技的较量,是技术创新的竞争。能源、环保、电子、超导、控制、航天、航空、军工、计算机、通信、互联网、电化学、生物、高分子化学和纳米技术等大量应用于汽车,未来汽车技术发展趋势将集中反映在汽车的安全便捷、节能减排、绿色环保和智能简便方面。世界各大汽车公司都在努力占领技术制高点,汽车工业正在进行着一场由量变到质变的新的技术革命。

目前,世界上集中研究的新技术包括:应用小型柴油机、发展混合动力汽车、加紧开发燃料电池、研制智能汽车和开发太阳能汽车等。美国、日本和欧洲国家努力开发燃料电池。电动汽车、混合动力汽车技术取得突破性进展,开始走向实用阶段;智能汽车、无人驾驶汽车发展迅速。

1. 生产平台模块化

平台是指汽车从开发阶段到生产制造过程中的设计方法、设备基础、生产工艺、制造流程乃至汽车核心零部件及质量控制的一整套体系。模块化是指当汽车平台技术发展到一定阶段,零部件的通用率不断提高,汽车各部分总成(例如,发动机总成、变速器总成、悬架总成、车身部件及电气系统等)都能像乐高积木一样以模块的形式自由组合,从而厂商可以在一个平台上开发出不同级别、不同类型的车型。

模块化是汽车企业持续发展的必然,模块化实施的前提就是大批量的生产。模块化起

步成本比较高,但在未来会给企业带来巨大的成本下降空间,提高产品成本竞争力;利用"模块化"生产方式,汽车厂商可以在全球范围内进行汽车模块的选择和匹配设计,优化汽车设计方案,有利于提高汽车零部件的品种数量、质量和自动化水平,提高汽车的装配质量,缩短汽车的生产周期使企业从多方面降低风险。

2. 汽车产品环保化

"环境保护"与"可持续发展"已成为世界上越来越多国家的共识。未来汽车产品将以环保为中心,在新型动力开发、原材料选用、零部件模块生产、整车装配以及汽车使用等环节中充分体现汽车与环境的和谐。为达到汽车使用中零排放的要求,也为更好的节约自然资源,未来的纯电动汽车、燃料电池汽车等将得到极大发展。与此同时,绿色设计、产品的全寿命设计等先进设计思想也将得以广泛应用。

3. 汽车技术数字化

毋庸置疑,汽车工业已经掀起了一场数字化革命,以适应未来汽车智能化与网络化的发展需要。日臻完善的车载多媒体系统、汽车智能安全系统、舒适性管理系统、汽车语音识别系统等众多数字技术都将在汽车上得到更加广泛的应用。数字技术已经改变了汽车的设计开发和生产制造方式,例如计算机虚拟设计技术、虚拟样车检测技术等,使得样车的试制不再是必须环节;而以数字技术为基础的网络技术更是在汽车技术领域开疆扩土,一批互联网企业进入传统汽车制造领域,给传统汽车生产企业带来了冲击,也带来了新的理念,例如车辆控制系统的无线网络升级,这是传统车企所无法想象的。这些理念和探索加速了汽车网络化时代的来临。未来的汽车,必将如手机一样,成为人们生活中的一个移动网络终端。

4. 汽车服务创新化

随着汽车工业竞争的日趋激烈,各大厂商在努力降低成本、增加效益和实现技术创新的同时,也在主动升级售后战略,开始展开全新理念的汽车营销和汽车服务。

营销服务的全面化和不断创新将是各大厂商争夺目标顾客、赢得竞争主动权的秘密武器,原有销售和后市场体系迎来变革,"互联网+汽车"服务模式的升温将使汽车服务业成为第三产业中最富活力的主力军之一,直接促使汽车服务朝着个性化、知识化、系统化、网络化和费用低廉化方向发展。

第二章 汽车史话

人类经历了漫长的靠双足跋涉的时代后,发明了车轮,车轮改变人类在陆地上的运动方式,使人类步入两轮和四轮马车的黄金时代。它是人类历史上使用时间极长和最有影响力的陆地交通运输工具。然而人类永远不会满足现状,坐在马车上的人们期望着比马更具耐力和跑得更快的移动工具,于是发明了机器动力。蒸汽机和内燃机的发明为汽车的发明开辟了道路。

1886 年 1 月 29 日,德国人卡尔·本茨发明了世界上第一辆三轮汽车。然而,汽车的发明不是偶然的,更不是一人之功,汽车的发明和发展是集体智慧和劳动的结晶。

第一节 汽车萌芽阶段

一、车轮和车

很早以前,人们无论是狩猎、耕种,还是搬运东西,只能靠手拉肩扛、众人搬抬。

后来,人们开始学着把东西放在木制的架子上,用马、牛或驴在前面拖拉,发明了最初的运输工具——橇,如狗拉雪橇、牛拉托橇、马拉托橇。就这样,人们用滑动实现了运输方式的第一次飞跃。

据说,人们从野草被风吹得在地上滚动得到启发,便在拖拉重物时,把圆木、滚石等放在重物的下面,拖运重物变得轻松多了,于是人们发明了原始的轮。轮子的直径越来越大,后来又对实心轮加以改进,逐步演变为用辐条支撑轮辋的车轮。轮子的发明不仅是创造了一种器具,它还带给人类一种新的运动方式,这就是从滑动到滚动的第二次飞跃。

到了罗马帝国时代,西欧的塞尔人造出了第一辆前轴可以旋转的车,还发明了安装硬木的滚筒轴承,车轮在轴上滚动,细长的轮辐用榫眼接合在轮辋上,用长铁片做成的轮箍套在轮辋的外圈上,使轮更加耐磨。最初的车辆都是肩拉手推的。

随着动物的驯化,人们在牛颈上加上牛轭,让牛拉车,便出现了牛车。公元 9 世纪,法兰克人发明了一种硬性颈圈,套在马的肩胛骨一带,让马拉车。后来,人们给四轮马车又加上制动、椭圆弹簧,真正的实用马车诞生了。

中华民族具有悠久的古代文明,相传在夏初大禹时代,有一个叫奚仲的车正(夏朝初期,专门设立的管理和制造车辆的官员)造出了两个轮子的车辆。春秋战国时期,由于各国战争频繁,马车用来当战车使用,使造车技术进一步提高。秦始皇统一中国后,为了更好地实现全国政治、经济、文化的统一,大力发展国家车马大道(称驿道),形成了以咸阳为中心的陆路交通网,当时的造车水平已达到了相当高的程度,秦始皇陵发掘出的铜马车,造型精巧,华贵富丽,代表 2000 年前我国造车的水平。公元 230 年,诸葛亮为了北伐曹魏,亲率大军出祁山而北上,为了便于在崎岖的山路上运送粮草,他创造了"木牛流马"。所谓"木牛",据传是一种装了闸的人推独轮小车;所谓"流马",则是装了闸的四轮小车。在中国历史上,这种形式的车子曾经得到过极为广泛的应用。在隋朝,官府曾用独轮小车30万辆运送军粮。我国解放战争时期,仅山东省烟台地区就动员了10万辆小车支援淮海战役。而今在许多农村仍可见到独轮小车。

三国时期,马钧发明了指南车(见图2-1),这种车无论朝何方向行驶,车上站立的小木人的手总是指向南方。在宋代,有一个叫燕肃的进士发明了记里鼓车(见图2-2),记里鼓车每行驶500m,车上的一个小木人就击鼓一次,而每行驶5000m,另一个小木人便击锣一下。

图2-1 马钧发明的指南车

图2-2 燕肃发明的记里鼓车

无论是人力车还是畜力车,由于其动力的限制,无法满足人们的使用要求。在1250年的英国,现代实验科学的鼻祖、著名的哲学家培根预言:"我们大概能造出比用一群水手使船航行得更快,而且为了操纵这艘船只要一名舵手的机器;我们似乎也可以造出不借用任何畜力就能以惊人的速度奔跑的车辆;进而我们也可以造出用翅膀、像鸟一样飞翔的那种机器。"多么美妙的大胆的预言,轮船、汽车、飞机都让他想到了。人们渴望着能制造多拉快跑的"自动车"。

图2-3 英国人发明的滑轮车

茫茫宇宙,何处寻找动力源? 1420年,英国有人发明了滑轮车(见图2-3);1465年,意大利人罗伯特·巴尔丘里奥设计了风力推进车;1600年,荷兰人西蒙·斯蒂芬发明了双桅风帆车(见图2-4);1630年,法国人汉斯·赫丘发明了发条车(见图2-5)。

图2-4 西蒙·斯蒂芬发明的双桅风帆车

图2-5 汉斯·赫丘发明的发条车

以上所谓的自动车尝试,都存在着先天不足,均以失败而告终。但车的出现是人类的福音,假如没有当初的车,也不会诞生汽车。

1774年,英国发明家詹姆斯·瓦特(1736—1819年)对前人研制的蒸汽机做了重大的改进,研制出世界上第一台有真正意义的动力机械——蒸汽机。这一成果轰动了整个欧洲,掀起了轰轰烈烈的世界第一次工业革命,这一成果为实用汽车的发明创造了必要的条件。

二、有真正意义的第一台蒸汽机

1712年,英国托马斯·纽科门等人发明了蒸汽机,这种蒸汽机被称为纽科门蒸汽机。

英国人瓦特早年在格拉斯哥大学做仪器修理工,他对纽科门的蒸汽机产生了兴趣。有一天,他在修理蒸汽机模型中发现,纽科门蒸汽机只利用了气压差,没有利用蒸汽的张力,因此热效率低、燃料消耗量大,他下决心对纽科门蒸汽机进行改进。1763年5月的一个早晨,正在散步的瓦特突然产生一个想法:将汽缸里的蒸汽送到另外一个容器里去单独冷凝,既可以获得能做功的真空,又使汽缸里的温度下降不多,可大大提高热效率。他又设想:为防止空气冷却汽缸,必须使用蒸汽的张力作为动力。他立即把这个想法付诸实践。1769年,瓦特与博尔顿合作,发明了装有冷凝器的蒸汽机。1774年11月,瓦特和博尔顿又制造出真正意义上的蒸汽机(见图2-6)。蒸汽机曾推动了机械工业甚至社会的发展,并为汽轮机和内燃机的发展奠定了基础。

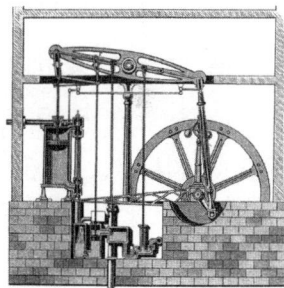

图2-6 瓦特发明的蒸汽机

三、第一台蒸汽汽车

1769年,法国陆军工程师、炮兵大尉尼古拉斯·古诺(1725—1804年)经过6年的苦心研究,将一台蒸汽机装在了一辆木制三轮车上,这是世界上第一辆完全凭借自身的动力实现行走的蒸汽汽车(汽车由此而得名)。这辆汽车(见图2-7)被命名为"卡布奥雷",车长7.3m,车高2.2m,车架上放置着一个像梨一样、直径为1.3m的大锅炉。前轮直径为1.28m,后轮直径为1.50m,前进时靠前轮控制方向,每前进12~15min的路程,需停车加热15min,运行速度为3.5~3.9km/h。后来在试车途中撞到石头墙上损坏了。虽然世界上第一辆蒸汽汽车落得个如此的悲惨结局,但它作为汽车发展史上的一座重要里程碑的地位是无可非议的,为车辆自动行驶迈出了可喜的一步。

图2-7 法国古诺研制的蒸汽汽车(Cugnot Steam car)

1801年,英国工程师理查德·特雷蒂克(1771—1833年)制成了能够乘坐8人,车速为9.6km/h的蒸汽汽车(见图2-8),试车时锅炉烧毁。

1825 年,英国人哥尔斯瓦底·嘉内公爵(1793—1873 年)制造了一辆蒸汽公共汽车(见图 2-9),18 座,车速为 19km/h,并开始了世界上最初的公共汽车营运。

尽管蒸汽汽车没能成为一种理想的运输工具,但蒸汽汽车在汽车发展史上占有重要位置。

图 2-8 特雷蒂克研制的蒸汽汽车

图 2-9 嘉内研制的蒸汽公共汽车

四、第一台实用内燃机

内燃机的发明是从往复活塞式开始的。这种内燃机的工作原理是:吸入空气和燃料、压缩并点燃混合气、燃烧做功、排出燃烧后生成的废气。这些是按照一定的顺序连续进行的。内燃机使用煤气、汽油、柴油等为燃料。

179 4 年,英国人斯垂特首次提出把燃料和空气混合形成可燃混合气以供燃烧的设想。

1801 年,法国人勒本提出了煤气机原理。

1824 年,法国热力工程师萨迪·卡诺在《关于火力动力及其发生的内燃机考察》一书里,揭示了"卡诺循环"的学说。

1860 年,法国籍比利时出生的技师勒诺瓦赫用他 1859 年制成以照明煤气为燃料的二冲程发动机,取得法国第 43624 号专利。

1861 年,法国的铁路工程师罗夏发表了进气、压缩、做功、排气等容燃烧的四冲程发动机理论。这一理论成为后来内燃机发展的基础,并于 1862 年 1 月 16 日被法国当局授予了专利,但因罗夏拖欠专利费,使其专利失效。

1866 年,德国工程师尼古拉斯·奥托(1832—1891 年)偶然在报纸上看到了一篇关于勒诺瓦赫内燃机的报道,下决心对其进行改进,并

图 2-10 奥托研制的卧式内燃机

研究了罗夏的四冲程内燃机论文,成功地试制出在动力史上有划时代意义的立式四冲程煤气内燃机。1876 年,又试制成了第一台实用的活塞式四冲程内燃机(见图 2-10)。这是一台单缸卧式煤气机,其功率为 2.9kW,压缩比为 2.5,转速为 250r/min。这台内燃机被称作奥托内燃机而闻名于世。奥托于 1877 年 8 月 4 日取得四冲程内燃机的专利。后来,人们一直将四冲程循环称为奥托循环。奥托以"内燃机奠基人"载入史册,奥托内燃机的发明为汽车的诞生奠定了基础。

第二节　第一辆汽车

世界第一辆汽车是由德国人卡尔·本茨(1844—1929年)于1886年1月29日发明的。

其实，在本茨研制汽车的前后，还有一些人也在研制汽车发动机和汽车。法国报刊早在1863年就报道过：定居在巴黎的里诺发明了一种用液体燃料并有原始化油器的二冲程发动机，而且于1863年安装在一辆简陋的马车上，根据当时的记录，这辆车的车速不到8km/h，但是它从巴黎到乔维里波达来回跑了18km。里诺的发明可以说是采用火花点火汽油机具有行驶价值的第一辆汽车。1884年，法国人戴波梯维尔运用内燃机作为动力源，制造了一辆装有单缸内燃机的三轮汽车和一辆装有两缸内燃机的四轮汽车。里诺和戴波梯维尔没有继续在汽车方面进行研究，放弃了进一步的试验。而卡尔·本茨和戈特利布·戴姆勒则成功地制造出汽车。

如此看来，汽车不是哪一个人发明的，它是科技进步到一定阶段的必然结果。总结先人的经验，研制新一代汽车，使汽车包含更加丰富的内容，这才是最值得我们关注的事情。

一、第一件汽车专利证

19世纪末，世上出现了许多自称是汽车发明家的人，长期难以定论。在协商1986年举行汽车诞生一百周年庆典时，国际汽车工业界一致推举由德国奔驰汽车公司主办，各国汽车界著名人士参加了这次庆典，原因是在19世纪末已兴起了专利制度，本茨发明的汽车拥有专利证。由此证明，世界上第一辆汽车出自德国的奔驰。

图2-11是一件在当时德意志注册的汽车专利证，注册号是37435，日期是1886年1月29日，专利人为卡尔·本茨。因此这一日期，被确认为是汽车的诞生日。

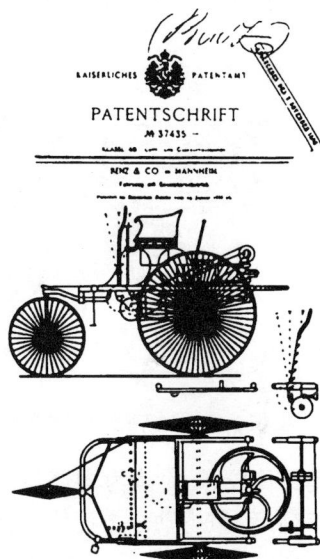

图2-11　第一件汽车专利证

二、本茨的第一辆汽车

1885年，本茨在德国曼海姆制成了世界上第一辆汽车(见图2-12)。这辆汽车自身质量为254kg，装有三个实心橡胶轮胎的车轮，发动机为单缸四冲程汽油机，排量为0.9L，功率为0.63kW，转速为400r/min，车速为13～18km/h。

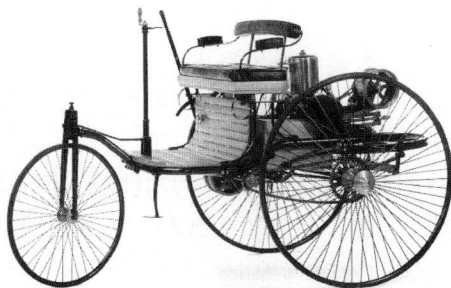

图2-12　卡尔·本茨发明的第一辆汽车

1888年9月12日，在慕尼黑举办的"发动机和加工机械展览会"期间，当地报纸对本茨发明的第一辆汽车进行了报道："人们看到在马路上行驶着一辆三轮无马马车，车上坐着一个男人，他手中没拿赶车的马鞭，看见这辆车的人们都惊奇万分……"

仔细观察世界第一辆汽车的构造，会发现它的外形与当时的马车差不多，车速和装载质量也不比马车优越。但是,它的巨大贡献不在于其本身所具有的性能,而在于观念的变化,也就是自动化的实现和内燃机的采用。本茨不仅敢于向当时占有垄断地位的马车制造商挑战,而且敢于放弃使用在技术上已相当成熟的蒸汽机而选用新生的内燃机作动力,足可见其充分的自信和观念上的巨大转变。正因为这种车可以自己行走,所以人们才用希腊语中的 Auto(自己)和拉丁语中的 Mobile(会动的)构成复合词来解释这种类型的车,这就是 Automobile(汽车)一词的来历。

本茨发明的第一辆三轮汽车是世界上最早的汽车雏形,这辆汽车被收藏在德国奔驰汽车博物馆内。

三、戴姆勒的第一辆汽车

1885 年,德国人戈特利布·戴姆勒(1843—1900 年)发明了第一辆四轮汽车(见图 2-13)。所以,有人将本茨和戴姆勒都誉为"现代汽车之父"。

四轮汽车发明人戴姆勒是马车商的儿子。他的父亲因为蒸汽汽车抢了他的生意而大为恼火,在一次马车与蒸汽汽车比赛的打赌中,他父亲大丢脸面,这给小戴姆勒留下了极深刻印象,他发誓要发明一种超过蒸汽汽车的车辆。戴姆勒是一个机器迷,他做过铁匠和车工,读过几年技术学校。他长期担任内燃机发明者奥托创建的道依茨发动机公司的技术工作,对固定式煤气内燃机的研制做出了重要贡献。但是,戴姆勒对汽油机更感兴趣,他认为奥托内燃机虽然质量大、转速低,但只要加以改进就可以在汽车上采用。然而,奥托却目光短浅、墨守成规,他看到当时煤气机

图 2-13 戈特利布·戴姆勒发明的第一辆汽车

销路比较好,并认为内燃机应用在汽车上没有前途,所以不同意对他的内燃机进行改进。1881 年,戴姆勒辞去道依茨公司的一切职务,转而与他的朋友威廉·迈巴赫合作开办了当时所谓的第一家汽车工厂。1883 年 8 月 15 日,戴姆勒和迈巴赫发明了汽油内燃机。

1885 年,戴姆勒将马车改装,增加了转向、传动等装置,安装了功率为 1.1kW 的内燃机,装上四个车轮,使车速达到 14.4km/h。

第三节　第一台柴油机

汽油机是以汽油作为燃料,与空气混合进行工作的。本茨和戴姆勒发明的汽车都采用了汽油机。但是,石油产品中的汽油只是分馏的一部分,还有柴油等油料。因此,人们在研制汽油机的同时,也尝试用其他燃油作为内燃机的燃料。

1897 年,德国人鲁道夫·狄塞尔(1858—1913 年)摘取了柴油机发明者的桂冠,他成功地试制出世界上第一台柴油机。柴油机从设想变为现实历经了 20 多年,狄塞尔柴油机是冒着生命危险和在一片指责声中试制的。狄塞尔虽未能活到柴油机用于汽车的那一天,但他亲眼看到了自己的发明成功地用于造船业,以绝对优势取代了蒸汽机。如今全世界的许多工厂都在生产柴油机,柴油汽车的产量迅速增长。

狄塞尔于 1858 年 3 月 18 日出生在巴黎,由于父母是德国移民而遭到法国当局的驱逐,家中生活相当窘迫。12 岁时,他又回到法国,在奥格斯堡进入当地技校学习。两年后又以获国家奖学金的优等生资格被当时德国最有名的学府——慕尼黑工业大学录取。读书期间,狄塞尔萌发了研制新式经济型发动机的念头。毕业后,狄塞尔当了一名冷藏工程师。

为了实现研制经济型发动机的理想,狄塞尔利用业余时间在一些作坊式的小工厂里以自制的设备开始试验。一次用氨蒸气试验时,发生爆炸,险些丧命。

1892 年,狄塞尔经过多年潜心研究,提出了压燃式柴油机的理论。

1893 年,制造出第一台试验样机。通过试验,狄塞尔决定必须对 1892 年所获专利的结构作若干改动,其中重大改动之一是不能以煤粉作燃料。安装工根据试验结果修改了最初的设计,并对其新结构重新注册了专利。这些修改实在来之不易,狄塞尔周围不乏对其每一次失败所发出的恶意嘲讽,他身边的助手也寥寥无几。

狄塞尔在困境下,坚持第二台试验样机的研制工作。1894 年 2 月 7 日,第二台试验样机运转了一分钟,转了 88 圈。

狄塞尔在日记中写道:第一台不工作,第二台工作不好,第三台会好的。第三台试验样机制成终于运转了,但两年后才进行正式试验。因此,狄塞尔的柴油机诞生年代定于 1897 年,这一年狄塞尔发动机被正式承认并公布。

柴油机的出现不仅为柴油找到用武之地,而且它比汽油机省油、动力大、污染小。

可惜的是,这位对柴油机做出重大贡献的狄塞尔结局悲惨。1913 年夏天狄塞尔在自安特卫普至英国的轮船上结束了生命。

狄塞尔以其改变了整个世界的发明——压燃式内燃机而青史留名。人们为了纪念他,就把柴油机称作狄塞尔发动机。

第四节　汽车史上的三次重大变革

一百多年的汽车发展史表明:汽车诞生于德国,成长于法国,成熟于美国,兴旺于欧洲,挑战于日本。

1886 年,德国人本茨和戴姆勒发明了汽车,接着欧洲出现了生产汽车的公司。最早成立的汽车公司有德国的奔驰公司、戴姆勒公司,法国的标致公司、雷诺公司,英国的奥斯汀公司、罗孚公司,意大利的菲亚特公司等。欧洲是世界汽车工业的摇篮。德国人发明了汽车,而促进汽车最初发展的是法国人。1891 年,法国人阿尔芒·标致首次采用前置发动机后驱动形式,奠定了汽车传动系的基本构造。1898 年,法国人路易斯·雷诺将万向节首先应用在汽车传动系中,并发明了锥齿轮式主减速器。

不过尽管以法国为主的欧洲汽车公司占据了当时世界汽车工业的统治地位,但其都是以手工方式生产汽车,讲究豪华,价格昂贵,限制了汽车工业的发展。

在百余年的汽车发展史中,世界汽车工业经历了三次巨大变革。第一次变革是美国福特汽车公司推出了 T 形车,发明了汽车装配流水线,使世界汽车工业的发展从欧洲转向美国;第二次变革是欧洲通过多品种的生产方式,打破了美国汽车公司在世界车坛上的长期垄断地位,使世界汽车工业的发展从美国又转回欧洲;第三次变革是日本通过完善生产管理体系,形成精益的生产方式,全力发展物美价廉的经济型轿车,日本成了继美国、欧洲之后世界第三个汽车工业发展中心,使世界汽车工业的发展从欧洲转到日本。

一、第一次变革——流水线大批量生产

1892 年,美国查尔斯·杜里埃和弗兰克·杜里埃兄弟制造出美国第一辆以汽油机为动力的汽车。

1903 年,福特汽车公司成立;1908 年,通用汽车公司成立,推动了世界汽车工业的发展。

提到福特汽车公司,自然想到 T 形车。由于这种汽车的外形像"T"字,则称为 T 形车。T 形车可说是将家庭轿车神话变为现实的第一种车型。

在 T 形车出现以前,汽车是为少数人生产的奢侈品。为制造理想的大众化汽车,1908年福特公司推出 T 形车。T 形车的出现,使汽车从有钱人的专利品一变而成为大众化的商品,在长达 20 年的 T 形车生产期间,T 形车被称为"运载整个世界的工具"。

1913 年,福特公司在汽车城底特律市建成了世界上第一条汽车装配流水线,使 T 形车成为大批量生产的开端,汽车装配时间从 12.5h 缩短到 1.5h。从 1908 年到 1927 年,T 形车共生产了 1500 多万辆,这一车型累计产量记录直到 1972 年才被德国甲壳虫形汽车打破。售价从开始的一辆 850 美元,最后降到 360 美元。1915 年,福特一个公司的汽车年产量就占美国汽车公司总产量的 70% ,而当时生产汽车历史较长的德、英、法等欧洲各国的汽车总产量也不过是美国产量的 5% 。

由于亨利·福特仅注重生产成本,不重视产品改进,使多年生产的 T 形车显得单调、简陋。到 1927 年,带有豪华饰件的通用公司的雪佛兰型汽车赢得了用户普遍欢迎,击败了垄断汽车市场 20 年的福特 T 形车。

二、第二次变革——汽车产品多样化

第二次世界大战以前,欧洲人就已经开始对美国汽车的一统天下不满。但是,由于当时欧洲的汽车公司尚不能以大批量生产、降低售价与美国汽车公司竞争。于是,以新颖的汽车产品,例如发动机前置前驱动、发动机后置后驱动、承载式车身、微型节油车等,尽量适应不同的道路条件、国民爱好等要求,与美国汽车公司抗衡。因此,形成了由汽车产品单一到多样化的变革。

针对美国车型单一、体积庞大、油耗高等弱点,欧洲开发了多姿多彩的新车型。例如:严谨规范的奔驰、宝马,轻盈典雅的法拉利、雪铁龙,雍容华贵的劳斯莱斯、美洲虎,神奇的甲壳虫,风靡全球的"迷你"等车型纷纷亮相。多样化的产品成为最大优势,规模效益也得以实现。

到 1966 年,欧洲汽车产量突破 1000 万辆,比 1955 年产量增长 5 倍,年均增长率为10.6% ,超过北美,成为世界第二个汽车工业发展中心。到 1973 年,欧洲汽车产量又提高到1500 万辆。世界汽车工业又由美国转回欧洲。

三、第三次变革——精益的生产方式

世界汽车工业的第三次变革发生在日本。日本汽车工业起步较晚,日本第一大汽车公

司丰田汽车公司和第二大汽车公司日产汽车公司均创建于 1933 年。第二次世界大战(简称二战)前夕,日本政府颁布了《汽车制造业企业法》,表明对发展汽车工业给予支持。二战期间,日本政府关闭了美国在日本所建立的汽车制造厂。二战后,日本不允许外国到日本建厂造车。尽管如此,在 20 世纪 50 年代,日本的汽车工业仍然发展缓慢。进入 20 世纪 60 年代以后,经济型轿车的生产在日本逐年增加。1960 年,日本人均国民生产总值为 500 美元,1966 年人均国民生产总值突破了 1000 美元,为汽车普及创造了条件。同时,日本各汽车公司及时推出物美价廉的汽车,其售价与 20 世纪 50 年代中期相比下降了 30% ~ 50%,于是日本出现了普及汽车的高潮。日本称 1966 年为普及私人汽车的元年。

同时,以丰田汽车公司为代表的几家汽车公司,将"全面质量管理"和"及时生产系统"两种新型的管理机制应用于汽车生产。前者要求工人承担更多的责任,把产品质量放在首要位置。后者要求做好技术服务,推行精益生产方式。两者紧密结合,相辅相成,推动了日本汽车工业的高速发展。

1973 年,中东战争引发了全球石油危机,各国对汽车的需求立即由豪华、气派型转向轻小节油型。这一天赐良机,给日本汽车工业带来好运,他们生产的小型节油车成为全世界的畅销产品。

1973 年,日本汽车出口量达到 200 万辆;1977 年,日本汽车出口量达到 400 万辆;1980 年,日本汽车出口量猛增到 600 万辆。

由于实现了汽车国内销售量和出口量双高速增长,日本迎来了其汽车工业的发展,创造了世界汽车工业发展的奇迹。1960 年,日本汽车产量仅为 16 万辆,远远低于当时美国和西欧各主要汽车生产国的水平。但到 1967 年,日本汽车产量达到 300 万辆,超过欧洲各主要汽车生产国的产量,居世界第二位。到 1980 年,日本汽车产量达到 1100 万辆,超过美国汽车产量,跃居世界第一位,成为继美国、欧洲之后的世界上第三个汽车工业发展中心,即世界汽车工业又发生了从欧洲到日本的第三次转移。

第三章 汽车外形和色彩

汽车既是现代化的交通工具,又是流动的"艺术品",其科学、艺术的外形和色彩,使世界更美丽。

第一节 汽车外形

确定汽车外形有三个因素,即机械工程学、人体工程学和空气动力学。汽车外形的演变就是三者协调发展的过程。机械工程学要求动力性好、操纵稳定性好等。人体工程学要求驾乘人员有足够的活动空间,舒适性好。空气动力学要求汽车行驶时空气阻力小。

汽车诞生一百多年来,汽车外形经过了马车形、箱形、甲壳虫形、船形、鱼形、楔形和子弹头形等演变。

一、马车形汽车

汽车诞生时,主要精力集中在动力的更换,常说当初的汽车就是不用马拉的车,驾驶人是不拿马鞭的车夫。早期英国生产的一种汽车在车的前右侧专门设计了一个相当于马车上挂马鞭的钩子。

本茨的第一辆三轮汽车和戴姆勒的第一辆四轮汽车不但是马车形,而且无篷。原始的汽车没有车篷也是有其原因的。首先,人们感到能有一辆不用马拉的车已经很不错了。其次,早期的发动机功率很小,一般只能乘坐 2 ~ 3 人,如果再给它装上一个笨重的车篷和车门,恐怕连自身也无法拉动。正是由于这些原因,汽车无篷阶段持续了很长的时间。

不过,作为一种交通工具,人们总是希望它越跑越快。所以,车速逐渐成为评价汽车性能的重要指标。人们这种普遍愿望激励着汽车工程师们想出种种办法来提高车速。

图 3-1 带球面挡风板的汽车(Lohner – Porsche – Electric)

车速提高以后,所带来的直接问题就是马车形汽车采用的敞篷式或活动布篷难以抵挡风雨侵袭。于是,改善驾乘人员环境条件的问题被提了出来。

1900 年,德国人费迪南德·保时捷设计了带球面挡风板的汽车(见图 3-1),这是流线型汽车的萌芽造型。

1903 年,美国福特 A 型汽车将车头部分做成倾斜形状,从而减弱了吹在驾乘人员面部的风力。1905 年生产的 C 型汽车(见图 3-2)开始采用风窗玻璃。

1908 年,福特汽车公司生产了著名的 T 形车(见图 3-3)。这是一种带布篷的可乘坐 4 人的小客车。1908 年最初推出的福特 T 形车是马车形汽车的典型代表。

马车形时代,其实并没有形成汽车自己的造型风格,所以也可以说是汽车造型的史前时代。

图 3-2 最早采用风窗玻璃的福特 C 型汽车

图 3-3 马车形汽车(Ford Model T)

二、箱形汽车

1896 年,法国人潘哈德和雷瓦颂生产了世界上首辆封闭式汽车,是箱形汽车的开端。1915 年福特汽车公司生产出一种新型 T 形车(见图 3-4),人们将这种 T 形车作为箱形汽车的代表。这种汽车的车室很像一个倒扣着的大箱子,且装有车门和车窗,所以人们将这种汽车以及后来生产的类似汽车称为箱形汽车。箱形汽车可以说是真正意义上汽车造型的初期阶段。

毫无疑问,人们坐在带有车厢的汽车里,要比坐在敞篷车里舒服许多,避免了风吹、日晒、雨淋。因此,这种汽车一问世,就受到了公众的喜爱,人们纷纷购买。

但是,箱形汽车也存在着问题,那就是它的速度达不到人们希望的那么快。工程师们想尽办法来提高车速,如改进轮胎结构以减小车轮与地面之间的滚动阻力,降低车身高度以减少迎风面积等。虽然这些措施都取得了一定的效果,但却仍然不能令人满意。

图 3-4 箱形汽车(Ford Model T)

研究证明,当汽车以不变的速度在平坦的路面上行驶时,所受到的阻力有轮胎与地面的滚动阻力和空气阻力两种。其中滚动阻力数值不是很大,而且随着车速的变化其变化值也不大。但空气阻力就不一样了,它随着车速的提高明显加大,与车速的平方成正比。箱形汽车空气阻力大,前风窗玻璃、车顶、特别是汽车后部都会产生很强的空气涡流。

箱形汽车重视了人体工程学,内部空间大,乘坐舒适,有活动房屋的美称。但是,随着车速的提高,空气阻力大的问题暴露了出来。

三、甲壳虫形汽车

箱形汽车时代的后期,人们逐步认识到空气阻力的重要性。汽车的空气阻力除与迎风面积有关外,还与汽车的纵剖面形状有很大的关系。最初,人们只是直观地想通过减小汽车迎风面积来降低空气阻力,也就是减小汽车横断面的几何尺寸,即宽度和高度。其中,由于受到乘坐空间的限制,车身的宽度没有多大的文章可作,于是降低车身高度成了减小空气阻力的主攻方向。1900 年,车身的普遍高度与马车相仿,为 2.7m;1910 年降低到 2.4m;1920 年降低到 1.9m,而当代轿车的车身高度多为 1.4m 左右。在汽车横断面不能再减小的情况下,改变汽车纵剖面的形状成为降低汽车空气阻力的关键。因此,促使人们致力于流线型车身的设计,从而产生了后来的甲壳虫形汽车。

当一辆汽车从身边经过时,地上的尘土、纸片、树叶等较轻的东西紧跟在车后旋转、飞扬,这就是汽车前进时所造成空气涡流的一个典型实例。由于涡流具有一定的能量,汽车前进时所产生的空气涡流会造成汽车能量的消耗,即空气涡流会影响汽车的前进。

为了减少汽车空气阻力,许多汽车厂家在探讨新的汽车外形。

1934 年,美国克莱斯勒汽车公司的气流牌轿车(见图 3-5)首先采用流线型车身,是流线型汽车的先锋。遗憾的是,由于该型汽车的造型超越了当时的审美观,而在销售时遭到惨败。但该型汽车的诞生宣告了汽车造型流线型时代的开始。

1936 年,福特汽车公司在气流牌轿车的基础上加以精炼,并采用了迎合顾客口味的商业化设计,成功地研制出了林肯·和风牌流线型轿车(见图 3-6)。该型车注意了车身造型的协调美,如散热器罩精美而具有动感。

图 3-5　克莱斯勒气流牌轿车(Chrysler Airflow CU)　　图 3-6　林肯·和风牌轿车(Lincoln – Zephyr V – 12)

流线型汽车的大量生产是从德国的大众牌开始的。1937 年,德国大众汽车公司的保时捷设计了一种甲壳虫形汽车,仿造了经自然界淘汰而生存下来既可以在地上爬,也能在空中飞的甲壳虫外形。保时捷最大限度地发挥了甲壳虫外形阻力小的长处。甲壳虫形汽车的典型代表是大众 1200 轿车(见图 3-7)。1939 年 8 月 15 日,第一批甲壳虫形汽车问世,1981 年第 2000 万辆甲壳虫形汽车在墨西哥的大众分厂开下了装配线,打破了福特 T 形车的产量记录,成为世界上同种车销量最多的汽车。保时捷将甲壳虫外形成功地运用到汽车造型上,使其成为同类车中之王,从而也奠定了流线型汽车造型在人们心目中的地位,克莱斯勒气流牌轿车开创的流线型时代也被称之为甲壳虫时代。

从克莱斯勒气流牌的失败到大众甲壳虫的成功,进一步说明了这样一个真理:即只要是合理的,就会有生命力,即使不被当时的人们所接受,但却能经得起时间的考验。

但是,甲壳虫形汽车也有缺点:一是乘员活动空间明显变得狭小,特别是后排乘员,头顶几乎再没有空间,产生一种被压迫感;二是对横风的不稳定性。

甲壳虫形汽车尾部的侧向面积与箱形汽车相比,其侧向风压中心移到汽车质心的前面(见图3-8),侧向风力相对于质心所产生的力矩,加剧了汽车侧偏的倾向。而箱形汽车由于侧向风压中心在质心之后,所以测风对该型汽车质心所产生的力矩,可以使将发生侧偏的汽车复位,则不易侧偏。

图 3-7　甲壳虫形汽车

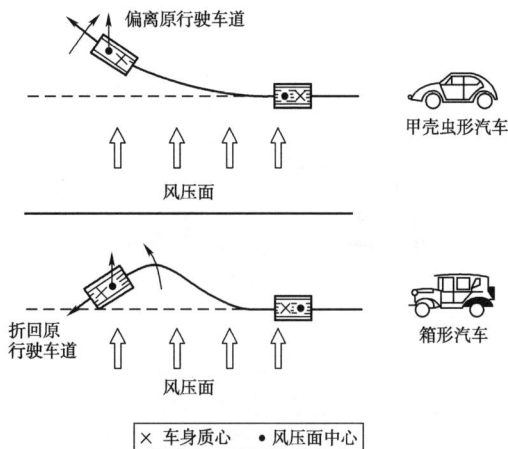

图 3-8　甲壳虫形汽车侧偏原理

四、船形汽车

第二次世界大战结束后,福特汽车公司于 1949 年又研制出福特 V8 型新车型(见图3-9),它是船形汽车的代表。船形汽车采用了使汽车车室置于两轴之间的设计方法,从外形上看,整车就像一只小船,所以称为船形汽车。

无论是甲壳虫形汽车还是箱形汽车,都出现了人体工程学与空气动力学的对立。而船形汽车较好地发挥了两种汽车的长处,克服了其缺点,使人体工程学与空气动力学基本统一在一种汽车外形设计上,特别是解决了甲壳虫形汽车遇横风不稳定的问题,因为这种汽车外形使风压面中心后移。

图 3-9　船形汽车(Ford V8 Standord Tudor Sedan)

船形汽车存在的问题是,由于车的尾部过分地伸长,形成了阶梯状,高速行驶时会产生较强的空气涡流,因此影响了车速的提高。

五、鱼形汽车

为克服船形汽车尾部呈阶梯状而产生较强空气涡流的缺点,设计者将汽车后窗倾斜,形成斜背式。由于斜背式汽车的背部很像鱼的脊背,所以这种汽车被称为鱼形汽车。最早的鱼形汽车是美国于 1949 年生产的别克牌轿车(见图3-10)。

图 3-10　鱼形汽车(Buick Super Sedan)

甲壳虫形汽车是流线型,鱼形汽车也属流线型,但两者有本质的区别。图 3-11 中最上方是甲壳虫形汽车,其外形是从箱形汽车演变过来的,车背虽然倾斜,但倾斜程度较小,是从车后轮之后开始突然倾斜,这种倾斜被称为滑背。鱼形汽车是船形汽车的阶梯背式进化来的斜背式。鱼形汽车车背是从后轮前部就开始倾斜,并逐渐与后行李舱相连,其倾斜较为缓慢,且斜坡很长,因此其空气阻力小于甲壳虫形汽车。另外,甲壳虫形汽车是从箱形汽车演变而来,所以车身高而窄,前后翼子板、车灯、发动机罩都是独立的。而鱼形汽车是从船形汽车演变而来的,车身仍保持着船形汽车的整体式车身,且低矮宽敞。所以鱼形汽车无论是实用性、空气动力性,都远远优于甲壳虫形汽车。

但是,鱼形汽车并非完美无缺,存在以下缺点。

(1)汽车后窗倾斜大、面积大。鱼形汽车的后窗过于倾斜,要想保持其视野,玻璃的面积与船形汽车相比要扩大两倍,这样既降低了车身的强度,又由于采光面积增加,使车内温度过高。

(2)汽车高速行驶时易产生很大的升力。升力使汽车与地面的附着力减小,使汽车的行驶稳定性和操纵稳定性降低。

鱼形汽车高速行驶时产生升力的原因,首先从飞机机翼的升力说起,飞机机翼的断面形状见图 3-12,其上表面隆起,下表面平滑。这样当空气流流经机翼表面时,上表面空气流动快,则压力小;下表面空气流动慢,则压力大。因此,机翼的上下表面的压力差就形成了对机翼向上的推力,即升力。同理,鱼形汽车从车顶到车尾所形成的曲面与机翼上表面极其相似。故鱼形汽车在高速行驶时也容易产生较大的升力。

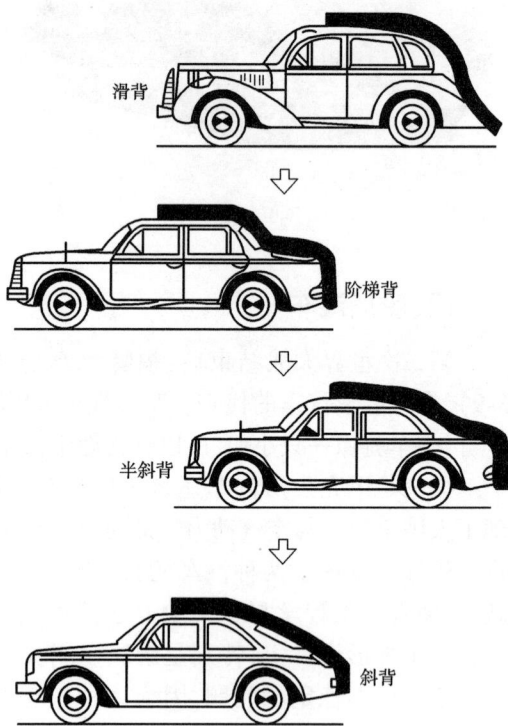

图 3-11　斜背式鱼形汽车的产生过程

鱼形汽车带来的问题,使人们开始致力于既减小空气阻力又减小升力的空气动力性研究。在鱼形汽车设计上,有的将车尾截去一部分,成为鱼形短尾式;还有的将鱼形汽车的尾部安上只微翘的鸭尾,成为鱼形鸭尾式。但是,这些做法减少升力的效果都不明显。

六、楔形汽车

为了较好地解决鱼形汽车的升力问题,人们又开始了艰难的探索,最后终于找到楔形造型,也就是车身前部向下方倾斜,使其车尾更短、车顶较平,即所谓的楔形汽车。

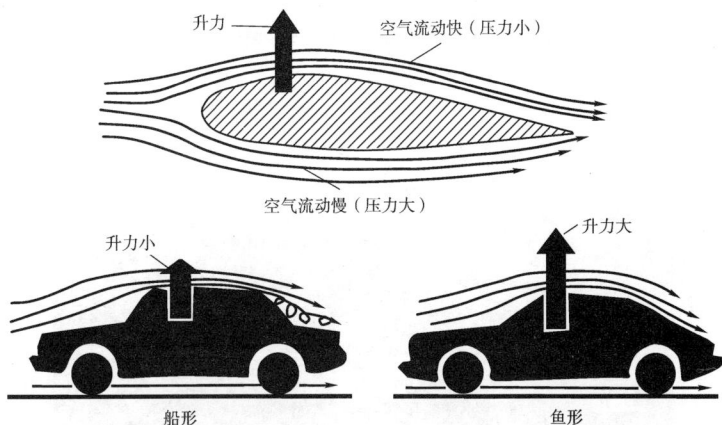

图 3-12　机翼的升力和汽车的升力

最早采用楔形车身的是 1963 年司蒂倍克公司的阿本提轿车(见图 3-13)。由于该车的造型超越了时代,所以当时销路不好,公司随后就倒闭了。但该种汽车的外形却得到汽车设计专家的高度评价,并预示着楔形时代的到来,在许多著名的车形身上都有着“阿本提”的影子。1968 年,印第赛场上罗塔斯·他宾赛车(见图 3-14)就是典型的楔形车身。

图 3-13　楔形汽车阿本提

图 3-14　楔形车身的赛车罗塔斯·他宾

一般轿车也只是一种准楔形,绝对的楔形汽车造型是会影响车身的实用性的(乘坐空间小)。所以,现在除了像法拉利、莲花、兰博基尼等跑车采用楔形车身外,绝大多数实用型轿车都是采用船形和楔形相结合的方案,其中德国 1982 年推出的奥迪 100 型轿车(见图 3-15),开创了这一造型之先河,这种奥迪轿车是世界上第一种空气阻力系数不大于 0.3 的大批量生产车型,其造型风格具有代表性。

图 3-15　将船形与楔形相结合轿车(Audi 100)

以船形汽车为基础的楔形汽车是轿车较为理想的造型,它较好地协调了乘坐空间、空气阻力和升力的关系,使实用性与空气动力性较好地结合了起来。

七、子弹头形汽车

当鱼形汽车存在的问题解决以后,人们又从改变轿车的概念做文章,于是多用途厢式汽车问世了。

多用途汽车全称为"Multi-Purpose Vehicle",简称 MPV。它属于微型厢式汽车范畴,外形趋于楔形,我国称为子弹头形汽车(见图3-16)。

图3-16　子弹头形汽车(Pontiac Trans Sports)

最早推出的多用途汽车是法国雷诺公司生产的空间牌汽车,但未能引起广泛的注意。直到克莱斯勒汽车公司将多用途汽车作为其一代旗舰产品加以推广后,多用途汽车才家喻户晓。1984年,克莱斯勒汽车公司推出第一代多用途汽车,道奇分部的产品为大篷车牌;顺风分部的产品为航海家牌。这是世界汽车工业史上划时代的产品之一,它不仅使当时处境危机的克莱斯勒汽车公司起死回生,而且宣告一个以强调实用性、多用途和家庭化、休闲娱乐为特征的汽车消费新时代的到来。

多用途汽车以轿车为原型,为单厢式,接近于面包汽车的内部空间,汽车的前部采用后倾大斜面的造型,融入了流线型赛车的风格。汽车性能优良,装备齐全,有活动家庭之感。

多用途汽车在外形设计上集流线型和楔形的优点于一身,线条流畅,动感性强,具有鲜明的时代气息。

汽车外形演变的每个时期都在不断地开拓着汽车新的造型,都在尽力满足机械工程学和人体工程学的前提下最大限度地减小空气阻力和升力的影响,从而使汽车的性能得以提高。同时,汽车外形的演变也是汽车美学的发展。

第二节　汽车色彩

汽车色彩设计绝非随心所欲,一般要经过色彩研究、想象设计、色彩构成、用户评议、信息反馈、色彩初步确定、环境试验、色彩最终确定等一系列程序。分析汽车色彩,应主要考虑以下几方面。

一、汽车的使用功能

汽车在使用过程中,已形成惯用色彩。例如:消防车采用红色,除红色亮度高、醒目、容易发觉外,主要是人们一见到红色的消防车,就想到有火灾发生,因而赶紧避让;白色用于医疗救护车,是运用白色的洁白、神圣的联想含义;邮政车选择绿色,是因为绿色给人以和平、安全的感觉;作为军用车辆,一般都为深绿色,使车辆与草木、黑色的沥青路面颜色相近,达到隐蔽安全的目的;工程机械多采用黄黑相间的色彩,是运用黄色亮度高、醒目的特点,以引起行人和其他车辆的注意。还有的汽车在底色上采用有功能标志的图案,例如白色救护车上的红十字标志,冷藏车上的雪花、企鹅等图案,在底色衬托下更加鲜明。还有些专用汽车其色彩应符合人们的传统习惯,贴近人们的思想感情。例如殡仪汽车的色彩应具有肃穆、庄重的气氛,白色、黑色是最优选择。

二、汽车的使用环境

由于不同地区日光照射强度有差别,造成了人们对不同色彩的偏爱。在美国,以纽约市为中心大西洋沿岸的人们喜欢淡色,而在旧金山太平洋沿岸地区的人们则喜欢鲜明色。北欧的阳光接近发蓝的黄色,北欧的人们喜欢青绿色。意大利喜欢黄色和红色。在伊朗、科威特、沙特阿拉伯、伊拉克等国家禁忌黄色,但是却推崇绿色,认为绿色是生命之源。

汽车行驶在城市中,对城市色彩有装饰作用。但汽车色彩与环境色彩发生碰撞现象,会使原本喧闹的环境更加嘈杂混乱,使视觉感观极易疲劳。

因此,汽车色彩应与使用环境色彩协调。

三、汽车的使用对象

由于各国、各民族、各地区的社会政治、经济、文化、教育以至生活习惯的不同,表现出人们的色彩观念也不同,都有自己偏爱和禁忌的色彩。据日本丰田汽车公司的调查统计,该公司的汽车在本国销售,以白色最受欢迎,其次是红色、灰色等,而销往美国、加拿大的汽车色彩以淡茶色、浅蓝色最受欢迎,其次是白色、杏黄色。

在我国红色具有赤诚之意,红色又是幸福和喜庆的象征,例如红灯笼、红鞭炮、红双喜字等,营造出热烈、兴奋和喜庆的氛围。但是在另一些国家,例如美国却认为红色是不吉祥的象征,常把红色视为巫术、死亡、流血和赤字。日本喜欢白色和红色,忌讳黑白相间色。拉丁美洲国家大多偏爱暖色调,在他们的客车上喜欢涂饰艳丽夺目的各式图案,或是临摹圣婴像,或是涂绘田园风景、花鸟等。南亚的一些国家不喜欢黑色。非洲大多数国家也忌讳黑色,而喜欢鲜艳的色彩。不同的宗教信仰在色彩观念上不同。对于信仰佛教的国家,黄色代表神圣。但是,在信仰基督教的国家,黄色却被认为是叛徒犹大的衣服颜色,具有卑劣可耻之义。在信仰伊斯兰教的国家中,黄色被视为丧色,具有不幸和死亡的含义。

四、汽车的流行色彩

流行色彩是指在一定的时期内被人们广泛采用的颜色。汽车流行色彩有其自身的发展规律。新鲜感是流行色彩的原动力。如果总是感受同样的色彩,人们就需要新的刺激。大量的资料表明,汽车的流行色彩也呈现周期性的变化,其新鲜感周期为1.5年左右,交替周期为3.5年左右。以日本汽车色彩的变迁为例,1965年以前,明亮的灰色汽车备受青睐;1965年盛行蓝色、灰色和银色汽车;1968年黄色汽车迅速增多;至1970年黄色汽车又急剧减少,而橄榄色和褐色汽车逐渐增多;1977年褐色汽车最受欢迎;1982年白色汽车占到总数的

50%,1985—1986 年白色汽车数量达到最高峰,每 4 辆汽车中就有 3 辆是白色的。据一项调查表明,在世界范围内,1989 年最畅销的汽车色彩是白色和红色。进入 20 世纪 90 年代,黑色销售量增加。

专家研究了流行色彩形成和发展变化的原因。由于传统文化习惯等因素的作用,人们对某种色彩会产生根深蒂固的观念,不会轻易改变,因为色彩会使人产生联想。

(1)灰色给人以朴素、安全、柔和、含蓄之感。

(2)蓝色代表冷静、高雅。

(3)银色是宇航飞行器常用的色彩,象征着富有和高贵。

(4)黄色表示鲜明、个性。

(5)褐色为自然、平静。

(6)白色使人联想到白云、白玉、白雪,象征着清净和纯洁。

(7)红色喻示雄心和勇敢,展现出火和血的赛车场。

(8)黑色不仅给人坚实、刚劲之感,而且庄严神圣。

(9)绿色是希望,是生命,充满自然气息。

随着社会的发展,流行色彩和常用色彩将互相转化。

五、汽车的安全行驶

从安全行车的角度来看,汽车的行驶安全性是至关重要的,但安全性与汽车色彩也有一定的关系。

世界最大的碰撞调查研究组织(VSRC)曾针对汽车颜色与交通事故发生频率之间的关系进行了研究,结果发现,不同颜色会引起驾驶人视觉上产生远近、大小的差异。

1. 暖色会让人更早觉察危险

红、橙、黄等颜色称为暖色系,绿、青、蓝等颜色称为冷色系,而暖色和冷色就会造成视觉的远近差异。暖色系是前进色;而冷色系是后退色。前进色的视觉效果要比后退色好,看起来要近一些,车主就会早一点时间察觉到危险情况。

暖色和冷色除了会造成视觉的远近差异,还会造成视觉大小的差异。暖色系颜色的车看起来感觉变大了,增加近感;而同样大小的车如果是冷色系的颜色,则会造成收缩的作用,让车看起来感觉变小了,增加远感。尤其是能见度比较低的时候,特别是傍晚和下雨天,极容易发生交通事故。因此,暖色系的汽车不仅有良好的可视性,视觉冲击力强,还能让其他驾驶员精力集中,更有利于行驶安全性的提升。

2. 银、白等中性色成"安全色"

VSRC 还对欧洲和亚洲最近的 2000 起车祸进行了对比调研,结果发现,银色、白色等中性色的车祸概率最小,即使出事,驾驶人受伤程度也相对较轻;在车祸中遭受重伤的概率较开其他颜色汽车的车主低 57%。相比之下,黄、灰、红、蓝色的驾驶人受伤的概率大致相同,而黑、褐、绿车最容易发生交通事故,驾车人受伤的概率高出开白、黄、灰、红、蓝车的 1.7 倍。据该组织专业人士推测,这可能与银、白色对光线的反射率较高,易于识别有关。

根据国内大陆汽车俱乐部(CAA)2004 年 7 月到 2005 年 6 月的统计数据,针对 5158 起交通事故,得到各颜色车辆事故率及排名。从黑到白,事故率逐渐降低,颜色安全性逐渐升高。

第四章 汽车公司和商标

车标是随着汽车生产和销售的发展而产生的。车标,顾名思义,就是汽车的标记,也可喻为汽车的身份证或汽车的艺术名片。它装饰在汽车头部和明显部位上,光彩夺目,在向人们炫耀着公司和汽车辉煌的历史。它又如汽车文化乐章中精彩的音符,伴随着飞转的车轮,谱写着一曲曲动人的旋律。它将人们带进了汽车发展的知识殿堂。不同的汽车品牌,都有一段传奇的故事,它以创始人的姓名或所在地的城徽,或以象征性的动物,或以其他不同寓意的图案,在讲述汽车百余年历史的风云。

第一节 美国的著名汽车公司及其商标

一、通用汽车公司及其商标

美国通用汽车公司创建人威廉·杜兰特于 1908 年 9 月 16 日在新泽西州以别克汽车公司为核心创建了通用汽车公司,后来公司总部设在底特律市。它不仅是美国三大汽车公司之首,也是世界上最大的汽车公司。与福特、克莱斯勒、奔驰等公司创建者不同,杜兰特未用自己的名字命企业名和车名,而以象征性的"通用"品牌为其命名。通用汽车公司在美国拥有雪佛兰、别克、旁蒂克、奥兹莫比尔、凯迪拉克、土星和专门制造载货汽车的 GMC 七个部,在欧洲的欧宝、弗克斯豪尔、莲花等公司也是有名的。通用汽车公司的业务遍及世界几十个国家,以其雄厚的实力、跨国的体系、多品种的产品成为世界汽车企业的巨头。通用汽车公司的标志是通用汽车公司(General Motors Corporation)的简称,取自其前两个单词的第一个字母(见图 4-1)。

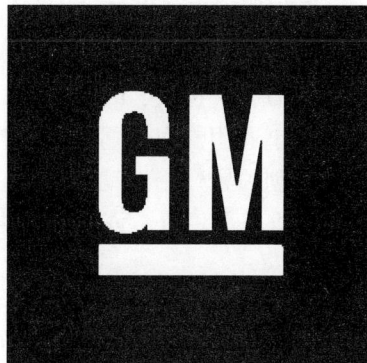

图 4-1 美国通用汽车公司的标志

1. 凯迪拉克商标

凯迪拉克汽车部的前身是凯迪拉克汽车公司,建立于 1902 年。创建人是亨利·利兰德。1909 年凯迪拉克汽车公司加入了通用汽车公司。凯迪拉克汽车公司成立时选用凯迪拉克作为公司的名称是为了向法国的皇家贵族、探险家安东尼·门斯·凯迪拉克表示敬意,因为他在 1701 年建立了底特律城,凯迪拉克汽车部和汽车商标(见图 4-2)图形上为冠、下为盾,周围为郁金香花瓣构成的花环。冠上的 7 颗珍珠显示出了皇家贵族的尊贵血统,盾

图 4-2 凯迪拉克汽车部和汽车商标

象征着凯迪拉克军队的英勇。盾分为 4 个等分。第一个和第三个等分是门斯家族的纹章——金底,中间是横穿过的深褐色棒,棒把 3 只相同的黑鸟分开,两只在上,一只在下。这些没有腿和嘴的黑鸟象征着基督士的智慧、富有和完美的品德,鸟为 3 只代表智慧、富有、品德三位一体。第二个和第四个等分为红色和银色块,也以对角排列,代表凯迪拉克家庭拥有广阔的土地。红色象征着勇猛和大胆;银色表示纯洁、博爱、美德和富有。纵横相接的白杠表示了凯迪拉克家族在十字军战争的遥远战场上更富有骑士般的勇猛。凯迪拉克的盾形纹章表现了底特律城创始人的祖先的勇气和荣誉。商标喻示着凯迪拉克牌汽车的高贵、豪华、气派和潇洒。凯迪拉克汽车部为采用这样一个含义深刻又精制的商标而感到自豪。

凯迪拉克——皇家贵族的冠与盾。

2. 雪佛兰商标

雪佛兰汽车部原是密歇根雪佛兰汽车公司,建于 1911 年 11 月 3 日,创建人是威廉·杜

图 4-3 雪佛兰汽车部和汽车商标

兰特和瑞士的赛车手、工程师路易斯·雪佛兰。1918 年 5 月雪佛兰公司并入通用汽车公司,雪佛兰汽车部是通用汽车公司的最大分部。雪佛兰汽车部和汽车商标(见图 4-3)是图案化了的蝴蝶领结,象征着雪佛兰汽车的大方、气派和风度。

雪佛兰——系蝴蝶领结的绅士。

3. 别克商标

别克汽车公司建于 1903 年 5 月 19 日,创建人是大卫·别克,公司建立不久就陷入了困境。詹姆斯·惠廷说服了他在弗林特马车公司的同事们,买下了别克汽车公司,并迁往弗林特。后来,很有见识的威廉·杜兰特资助别克汽车 50 万美元,并于 1904 年控制了该公司,从此别克汽车公司兴旺起来。1908 年 9 月 16 日,威廉·杜兰特以别克汽车公司为核心成立了通用汽车公司。别克汽车部引以为豪的是它在许多方面都居于领先地位,其中包括首创顶置气门发动机、转向信号灯、染色玻璃、自动变速器等。具有悠久汽车生产史的别克汽车部培育了许多汽车业名人,例如威廉·杜兰特、沃尔特·克莱斯勒、路易斯·雪佛兰等。

别克部和汽车的商标(见图 4-4)形似三把利剑。三把颜色不同并依次排列不同高度位置上的利剑,给人一种积极进取、不断攀登的感觉;它表示别克部采用顶级技术,刃刃见锋;也表示别克部培养出的人才个个游刃有余,是无坚不摧、勇于登峰的勇士。

别克——三把利剑。

4. 旁蒂克商标

旁蒂克部原是奥克兰汽车公司,建于 1907 年 8 月 28 日,创建人是爱德华·墨菲。旁蒂克是一个印第安人酋长的名字,18 世纪他曾率部在底特律附近抵抗英法殖民者。为纪念他,把靠近底特律的一座小城命名为旁蒂克市。在这里,有一个年轻的实业家爱德华·墨菲于 1893 年创办了旁蒂克轻便马车公司。为了生产汽车,墨菲对轻便马车厂进行改造,并于 1907 年 8 月 28 日建立

图 4-4 别克汽车部和汽车商标

了奥克兰汽车公司。奥克兰汽车公司的兴旺引起威廉·杜兰特的注意。通过会谈，奥克兰汽车公司于 1909 年 4 月 9 日加入通用汽车公司，自 1932 年 4 月 6 日起正式使用旁蒂克汽车部这一名称，主要生产轿车和跑车。旁蒂克商标(见图4-5)是带十字标记的箭头。十字形标记表示旁蒂克汽车部是通用汽车公司的成员，也象征着旁蒂克汽车安全可靠。箭头则代表旁蒂克的技术超前和攻关精神。

旁蒂克——带十字标记的箭头。

5. 奥兹莫比尔商标

奥兹莫比尔部原为奥兹汽车公司，由兰塞姆·奥兹于 1897 年 8 月 21 日创建。1904 年，奥兹汽车公司成为第一家出口汽车的美国汽车厂商，产品销往 18 个国家。1908 年 11 月

图4-5 旁蒂克汽车部和汽车商标

12 日奥兹汽车公司并入通用汽车公司，更名为奥兹莫比尔汽车部。奥兹莫比尔(Oldsmobile)之名是由奥兹(Olds)加上莫比尔(Mobile)得来的。奥兹(Olds)是公司创始人兰塞姆·奥兹的姓，莫比尔(Mobile)在英语中是机动车之意，因此奥兹莫比尔就是奥兹的机动车。奥兹莫比尔商标(见图4-6)是一个红色底面上有一架简化了的飞机，周围绘有白色、黄色花边。飞机图案象征该部积极向上和勇往直前的创新精神，也象征该部的汽车像飞机那样快速而舒适。

奥兹莫比尔——飞机。

Oldsmobile

图4-6 奥兹莫比尔汽车部和汽车商标

二、福特汽车公司及其商标

1896 年 6 月 14 日，亨利·福特发明了他的第一辆汽车，1903 年 6 月 16 日创建了福特汽车公司，总部设在底特律市。它是目前世界上第二大汽车公司，业务遍及世界五大洲。该公司创立初期大量生产普及型轿车，1908 年，福特汽车公司生产了著名的 T 形车，并率先采用了流水线。福特汽车公司在北美拥有福特和水星-林肯两个分部，还在国外建立了一些分公司和合资公司，其中较大的有英国福特汽车公司、德国福特汽车公司、英国捷豹等汽车公司。福特汽车公司在 20 世纪 90 年代收购了英国的阿斯顿·马汀汽车公司和捷豹汽车公司，1998 年购买了瑞典沃尔沃汽车公司的轿车部。

1. 福特商标

福特汽车公司和汽车商标(见图4-7)采用蓝底白字的福特英文 Ford 字样，形似小白兔。福特十分喜爱动物，1911 年，商标设计者为了迎合福特的嗜好，就将英文 Ford 设计成为形似奔跑的小白兔形象，犹如在温馨的大自然中，有一只活泼可爱的小白兔矫健潇洒地正在向前飞奔，象征福特汽车飞奔世界各地，令人爱不释手。

福特——飞奔的小白兔。

图4-7 福特汽车公司和汽车商标

2. 林肯商标

林肯汽车公司是由亨利·利兰德于 1917 年 8 月创建的,当时他已 74 岁。1919 年底

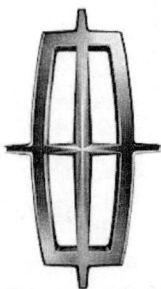

图 4-8 林肯汽车部和汽车商标

林肯汽车公司造出了样车,并以美国第 16 任总统林肯的名字为汽车命名。1922 年 2 月 4 日,福特收购了林肯汽车公司,成为福特汽车公司林肯分部。1949 年,福特汽车公司把林肯汽车分部和水星汽车分部合并为水星-林肯分部。福特林肯是美国豪华轿车的品牌,它是地位、财富的象征。美国总统柯立芝、胡佛、罗斯福、杜鲁门、艾森豪威尔、肯尼迪、约翰逊、尼克松、卡特、里根、布什、克林顿都乘坐林肯牌轿车。林肯汽车商标(见图 4-8)是一颗闪闪发光的辰星和一个近似矩形的外框组成的图案,表示林肯总统是美国联邦统一和废除奴隶制度的启明星,也喻示着林肯牌轿车具有光辉灿烂的明天。

林肯——启明之星。

三、克莱斯勒汽车公司及其商标

克莱斯勒汽车公司目前是美国第三大汽车公司,总部设在底特律市。公司名称源于其创始人沃尔特·克莱斯勒。克莱斯勒汽车公司的前身是 1907 年建立的马克斯威尔汽车公司。1925 年,克莱斯勒买下了该公司,更名为克莱斯勒汽车公司,1929 年成为美国第三大汽车公司,1933—1949 年曾超过福特汽车公司,升至美国第二大汽车公司。克莱斯勒汽车公司从 20 世纪 50 年代开始走下坡路,曾两度濒于破产,由于美国政府的干预,克莱斯勒汽车公司才得以生存下来,而后又迅速壮大。克莱斯勒汽车公司拥有顺风、道奇和吉普等部。克莱斯勒汽车公司于 1998 年 11 月 12 日与德国的戴姆勒-奔驰公司合并为戴姆勒-克莱斯勒汽车公司(简称戴克公司)。2007 年,戴克公司的子公司克莱斯勒汽车公司被美国瑟伯罗斯(Cerberus)资本管理公司收购,2014 年,菲亚特集团收购克莱斯勒汽车公司,组建菲亚特克莱斯勒汽车公司(简称 FCA)。

1. 克莱斯勒汽车公司和汽车商标

克莱斯勒汽车公司和汽车商标(见图 4-9)像一枚五角星勋章,五角星的五个部分表示五大洲(亚、非、欧、美、澳)都在使用克莱斯勒汽车公司的汽车,克莱斯勒汽车遍及全世界。

克莱斯勒——一枚五角星勋章。

2. 吉普汽车商标

吉普是美国克莱斯勒汽车公司的轻型越野汽

图 4-9 克莱斯勒汽车公司和汽车商标

车商标,吉普分部最早起源于威利斯 – 奥夫兰多汽车公司,几经并购之后归入克莱斯勒公司,拥有世界上最大的越野汽车制造厂。吉普推出的切诺基(Cherokee)是一种小型四驱越野乘用车,也是克莱斯勒公司的经典车型。切诺基取名源自美洲印第安部族切诺基土著人。他们世代居住在山区,由于生活和狩猎的需要,擅长在山地攀行,以此表示切诺基汽车能攀过岩石、涉过泥水,具有优良的越野性。

吉普采用的是简洁的文字商标 Jeep。1937 年,美国画家斯格在他的连环画中,画了一种

叫作"吉普尤金"的似犬非犬的奇怪动物,会发出"吉普、吉普"的怪叫。美国士兵对军用车的名字就应用了漫画中这种奇怪动物吉普(Jeep)的名字。后来,吉普正式作为一种轻型越野汽车的商标。

吉普——奇怪的动物。

四、特斯拉汽车公司及其商标

2003年7月1日,硅谷工程师、资深车迷马丁·艾伯哈德(Martin Eberhard)与长期商业伙伴马克·塔彭宁(Marc Tarpenning)合伙成立特斯拉(TESLA)汽车公司,并将总部设在美国加州的硅谷地区。

特斯拉汽车公司是世界上第一个采用锂离子电池的电动车公司。特斯拉得名于美国天才物理学家以及电力工程师尼古拉·特斯拉(Nikola Tesla)的塞尔维亚姓。2008年2月,特斯拉生产出第一辆 Roadster 纯电动敞篷跑车。

与传统汽车厂商不同,特斯拉从成立之初就致力于生产高性能纯电动汽车。同时,特斯拉最初的创业团队主要来自硅谷,用 IT 理念来制造汽车,而不是按以底特律为代表的传统汽车厂商的思路。成立后,特斯拉开始寻找高效电动跑车所需的投资和材料。由于艾伯哈德毫无这方面的制造经验,最终找到 AC Propulsion 公司。在 AC Propulsion 公司 CEO 的引见下,埃隆·马斯克(Elon Musk)认识了艾伯哈德的团队。

2004年2月,埃隆·马斯克向特斯拉投资630万美元,但条件是出任公司董事长、拥有所有事务的最终决定权,而马丁·艾伯哈德作为特斯拉之父任公司的 CEO。

2010年6月,特斯拉登陆纳斯达克,成为目前唯一一家在美国上市的纯电动汽车独立制造商。

特斯拉汽车的最初标志(图4-10a)的主体构形为盾牌形状,内部为字母和图案的组合。设计为盾牌形状意在传达特斯拉电动汽车秉承的安全、耐久、强劲、可靠的造车理念,将消费者的人身安全放在首位。内部字母秉承尼古拉特斯拉的姓氏"TESLA",下方铁钉一样的图案有人说是从特斯拉标志性的中分头演化而来;也有人认为是字母 T 形的利剑,象征着锋利和速度;还有人认为可能是借助铁钉图案来表现特斯拉的精工细作,以及对科技和产品设计的不懈追求。马斯克最近在 Twitter 上的解释结束了这场争论,"T"就像是电动机的横截面。现在特斯拉的标志(图4-10b)进一步精简,取消了盾牌轮廓。

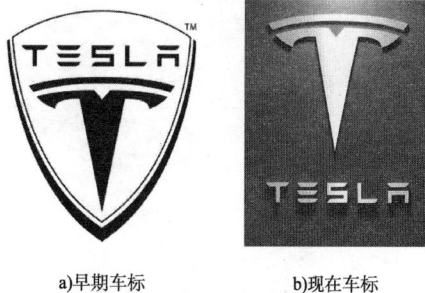

a)早期车标   b)现在车标

图4-10 特斯拉汽车商标

特斯拉——人造闪电。

第二节 德国的著名汽车公司及其商标

一、戴姆勒-奔驰汽车公司及其商标

1883年10月1日,本茨创建了奔驰公司和莱茵煤气发动机厂,这就是后来奔驰汽车公

司的前身。1890 年 11 月 28 日,戴姆勒创建了戴姆勒发动机公司。

戴姆勒-奔驰汽车公司是由两家公司合并而成的,该公司的名称也是两家公司的创始人戴姆勒和本茨的名字组合而成。它是德国最大的工业集团和跨国公司,所产轿车以戴姆勒朋友艾米尔·耶利内克的女儿梅塞德斯(Mercedes)的名字命名,唯有载货汽车和客车名叫奔驰。奔驰的技术、工艺和质量是全球最高的。为纪念本茨的功绩,世界上第一辆汽车取名为发明者之名的谐音——奔驰。1898 年戴姆勒公司制造出世界上第一辆载货汽车,为汽车走向专业化开创了先例。1926 年 6 月 29 日,戴姆勒公司与奔驰公司正式合并,成立了戴姆勒-奔驰汽车公司,成为强强联合的首创者,本部设在斯图加特。1998 年 11 月 12 日,戴姆勒-奔驰汽车公司和克莱斯勒汽车公司联合成立了戴姆勒-克莱斯勒汽车公司。

1909 年奔驰汽车公司设计了一个用代表吉祥、胜利的月桂枝围绕着"BENZ"字样的圆形图徽作为它的汽车商标。1909 年戴姆勒公司把表达戴姆勒在陆海空三个领域实现机动化夙愿的三叉星注册为正式商标。1916 年戴姆勒汽车公司将艾米尔·耶利内克女儿的名字MERCEDES 和三叉星合并形成一个新的商标。1926 年 6 月 29 日戴姆勒与奔驰联手后,将两者的标志结合起来,用本茨的月桂枝围绕着戴姆勒的三叉星,MERCEDES 的字样在上面,"BENZ"的字样在下面(见图4-11),现在该公司标志以及汽车散热器上的立体图案是简化了形似转向盘的一个环形圆围着三叉星(见图4-12),并以月桂枝包围着的 MERCEDES、BENZ 的圆盘为底座。三叉星表示在陆海空领域全方位的机动性,环形图显示其营销全球的发展势头。奔腾飞跃,驰骋千里,充满活力动感,这正是对梅塞德斯-奔驰汽车的最佳写照。

戴姆勒-奔驰——陆海空全方位的三叉星。

图4-11　1926年戴姆勒-奔驰汽车公司和汽车商标　　图4-12　现戴姆勒-奔驰汽车公司和汽车商标

二、大众汽车公司及其商标

德国大众汽车公司建于1937 年 5 月 28 日,是德国最大的汽车生产集团,目前汽车产量居世界第五位。创建人是费迪南德·保时捷。大众汽车公司包括大众、奥迪、西亚特和斯柯达四个品牌,其中既有小型轿车和豪华轿车,也有客车和载货汽车。大众公司包括德国本土的大众汽车公司和设在美国、墨西哥、巴西、阿根廷、南非等地的六个子公司。1937 年 5 月28 日在柏林成立了大众开发公司,同年 9 月 16 日更名为大众股份有限公司。1938 年大众汽车新厂在沃尔夫斯堡奠基,由保时捷主持建设,并于1939 年落成。1982 年,大众汽车公司与中国签订了在上海合资生产桑塔纳轿车的协议,1985 年 3 月 21 日上海大众汽车有限公司成立,开始生产上海桑塔纳轿车。1995 年 4 月上海大众推出桑塔纳 2000 轿车。

1. 大众商标

大众汽车公司汽车商标(见图 4-13)其图形像一个圆形的眼睛,"眼睛"中叠加着"V""W"两个字母,它们是德文伏克斯瓦根(Volks Wagenwerk)词组中两个单词的第一个字母。该图案简捷、大方、明了。Volks Wagenwerk 在德文里的意思是"大众化车",这是公司创建时的宗旨,因此,它既是公司标志,也是汽车商标。

大众——圆圈中的 VW。

2. 桑塔纳车名

桑塔纳车名源自美国加利福尼亚州一个盛产名贵葡萄酒的桑塔纳山谷。该山谷中经常刮强劲、凛冽的旋风,

图 4-13　大众汽车公司和汽车商标

人们称之为桑塔纳。大众汽车公司偏爱采用各种风的名称,因此取车名为桑塔纳。这也许是他们希望自己生产的汽车像旋风一样刮遍全球,席卷一切。这种汽车果真如他们所期望的一样,像旋风般风靡世界。

桑塔纳——强劲、凛冽的著名旋风。

三、奥迪汽车公司及其商标

1932 年,奥迪、霍希、旺达尔、蒸汽动力车辆厂四家德国汽车公司联合,当时叫汽车联盟公司。

四家公司影响最大的是霍希公司和奥迪公司。值得一提的是这两家公司均由奥古斯特·霍希(Horch)建立。1899 年,他在科隆与别人合股建立了霍希汽车公司,正当公司日益壮大之时,他却在 1909 年被排挤出公司。1910 年,他又新建了一家霍希汽车公司,遭到原霍希汽车公司的投诉,被法院裁定必须更名。这时霍希想出了一个解决问题的巧妙办法。原来他的名字 Horch(霍希)在德语中是"听"的意思,译成拉丁文就是 Audi(奥迪),于是他把新公司命名为奥迪汽车公司。

1932 年,如前面所述四家公司联合组成汽车联盟公司。1958 年,汽车联盟公司被戴姆勒-奔驰公司收购,1964 年又被转卖给大众汽车公司,1969 年大众汽车公司买下德国纳苏汽车公司,汽车联盟公司改称为奥迪纳苏汽车联盟公司,1985 年又更名为奥迪汽车公司。

1988 年 10 月 1 日,德国大众汽车公司在中国与一汽合作,开始在中国生产奥迪型轿车。

图 4-14　奥迪汽车公司和汽车商标

早在汽车联盟公司时,公司就选择象征着四家汽车公司紧密联合的四连环图案作为汽车的商标(见图 4-14),并一直延续了下来,商标由四个半径相等紧扣着的圆环组成,四圆环表示公司当初由奥迪、霍希、旺达尔、蒸汽动力车辆厂四家公司合并而成,半径相等的四个紧扣连环,象征公司成员平等、互利、协作的亲密关系和奋发向上的敬业精神。

奥迪——兄弟四人紧握手。

四、宝马汽车公司及其商标

1913 年德国的佛瑞德·瑞浦在慕尼黑成立了瑞浦发动机公司,专门从事飞机发动机的制造。由于第一次世界大战的需要,公司扩大,1916 年改名为巴伐利亚飞机发动机公司。两年后,又改为宝马公司(BMW-Bayerische Motoren Werkbag)。从 1928 年后,转产汽车,几十年来几经兴衰。直到 1961 年后,宝马公司才摆脱了困境,得以顺利发展。宝马公司以豪华车和跑车著名。

宝马汽车公司和汽车商标如图 4-15 所示。在双圆环的上方标有 BMW 字样,这是公司全称三个词的首位字母缩写。商标内圆为蓝白两色相间的螺旋桨图案,代表着在蓝天白云和广阔时空旅途中运转不停的螺旋桨,既象征该公司过去在航空发动机技术方面的领先地位,又象征着公司

图 4-15　宝马汽车公司和汽车商标

在广阔的时空旅途中,以创新的科技、先进的观念,满足消费者最大的愿望,反映了宝马公司蓬勃向上的气势和日新月异的面貌。

宝马为意译,喻义该车犹如骑一匹宝马。世界上有"坐奔驰,开宝马"的说法,表明奔驰的稳重和宝马的豪放。只有驾驶宝马车,才能享受到它那痛快淋漓的神奇风采。

宝马——蓝天白云螺旋桨。

五、保时捷汽车公司及其商标

保时捷汽车公司成立于 1930 年,创始人是费迪南德·保时捷。公司总部设在德国斯图加特市。

保时捷汽车公司是一家比较特殊的汽车公司,它既从事保时捷牌超级跑车赛车的设计和生产,也承接其他公司委托的技术研究和设计开发工作。

保时捷汽车公司成立后的主要任务是承接其他公司的设计开发工作,但保时捷一直把精力集中于大众汽车的开发上,在希特勒上台后,保时捷的大众汽车终于有了实现的希望。1938 年大众汽车公司建立新厂,专门生产保时捷设计的大众甲壳虫汽车,保时捷出任总经理。然而,1939 年第二次世界大战爆发,大众汽车公司变成了军工厂,保时捷也被迫转入军用车辆的研制工作。第二次世界大战末期,为逃避空袭,保时捷汽车公司迁往当时已并入德国的奥地利,隐藏在一个山区小镇格蒙镇。

1945 年第二次世界大战结束后,保时捷被法军逮捕。格蒙镇的保时捷汽车公司由保时捷之子费利·保时捷管理。为给保时捷筹集保释金,费利·保时捷为一个意大利商人杜西欧设计了西施塔利亚号赛车。同时在费利·保时捷的主持下开始了第一辆保时捷赛车的设计工作。1948 年保时捷获释,他对费利·保时捷的工作给予了赞同和帮助。1948 年第一辆保时捷自己品牌的赛车终于问世了。这就是征服了整个世界达 20 年之久,为保时捷汽车公司奠定雄厚基础的保时捷 356 赛车。1950 年在费利·保时捷的主持下,保时捷汽车公司迁回了德国斯图加特市。

1951 年保时捷去世。但他开创的事业飞速发展。1963 年,一种更加诱人的保时捷超级

赛车问世了,这就是保时捷的孙子亚利山大·保时捷设计的保时捷911赛车。

保时捷汽车公司的商标(见图4-16)图案最上方是保时捷(POR-SCHE)的名字。由于公司总部设在斯图加特城,所以标志中间部分采用了斯图加特城徽,徽章中间是一匹腾飞的马,表明当地是名马产地。徽章上方是STUTTGART(斯图加特)字样。图案的左上方和右下方是鹿角图案,表明该地曾是狩猎场所。右上方和左下方是红黑相间条纹,黑色代表肥沃的土地,红色象征人们的热情、智慧。右上方和左下方的黄色条纹是成熟麦子的颜色,意味着土地肥沃,年年丰收,勾画了一幅美丽的田园景色。此标志象征公司辉煌的过去和美好的未来。

图4-16 保时捷汽车公司和汽车商标

保时捷——斯图加特城徽。

第三节 日本的著名汽车公司及其商标

一、丰田汽车公司及其商标

丰田汽车公司的前身是1933年在丰田自动织布机制作所设立的汽车部,1937年8月28日正式独立为丰田汽车工业公司,创始人是丰田喜一郎,以其姓氏作为公司的文字商标,英文译为TOYOTA。1982年7月1日,丰田汽车工业公司和丰田汽车销售公司合并为丰田汽车公司,总部设在丰田市。

1.丰田汽车公司商标

20世纪80年代后期,丰田汽车公司商标改成由三个椭圆构成(见图4-17)。外边的大椭圆表示地球,大椭圆内的一个横向椭圆和一个纵向椭圆构成一个"T"字,是TOYOTA(丰田)的第一个字母,代表丰田汽车公司。商标富有动感,表示丰田汽车公司在世界上永远发展。其内涵正如该公司所解释的:它象征着丰田立足于未来,对未来的信心和雄心;它象征着丰田置身于顾客,对顾客的保证;它象征着丰田的技术之高和革新的潜力。

图4-17 丰田汽车公司和汽车商标

丰田——三个椭圆。

2.雷克萨斯商标

雷克萨斯(Lexus)部是1989年丰田汽车公司专门在国外销售豪华轿车的一个分部。雷克萨斯车名是丰田花费3.5万美元请美国一家起名公司命名的,因为雷克萨斯(Lexus)的读音与英文豪华(Luxe)一词相近,使人联想到该车是豪华轿车的印象。雷克萨斯汽车部和汽车商标(见图4-18)采用车名Lexus第一个字母"L"的大写,"L"的外面用一个椭圆包围着的图案。椭圆代表着地球,表示雷克萨斯轿车遍布全世界。

图4-18 雷克萨斯汽车部和汽车商标

雷克萨斯——立足于地球上的豪华轿车。

3. 皇冠商标

图 4-19 皇冠汽车商标

皇冠(Crown)是丰田汽车公司元町工厂生产的一款外形美观、线条流畅、性能优越的中级轿车,该车于 1955 年 1 月开始销售,行销世界各地。皇冠是丰田汽车公司的代表车型之一,被称为丰田汽车公司的旗舰。皇冠轿车的商标(见图 4-19)是一顶象征王位的皇冠,象征着该车是日本国产车的王者。

皇冠——王位的象征。

二、日产汽车公司及其商标

日产(NISSAN)汽车公司,前身是 1933 年 12 月 26 日日本产业公司与户畑铸造公司联合成立的汽车制造公司,当年就开始生产汽车。1934 年正式更名为日产汽车公司,总部设在东京,它是日本第二大汽车生产厂家。日产的经营战略有两大特色:一是浓厚的技术色彩,热衷于技术的创新和采用;二是国际化的设计、生产方针。日产公司先后建立了美国日产汽车制造公司、牛津大学日产研究所、英国日产汽车制造公司、日产北美公司。1993 年中日合资郑州日产汽车公司成立,日产汽车品牌和日产汽车技术开始进入中国。日产开发产品的方针与丰田不同,往往有一种个性化的风格,外观和内部装饰都带点前卫色彩,甚至融入某些设计师的主观意念,加上偏重操控性,日产车开起来比较令人愉快。所以,日本汽车界一直有"舒适的丰田,操控的日产"的说法。

日产,是日本产业公司隶属下的汽车制造公司的简称,也是其汽车产品的品牌。目前的日产商标如图 4-20 所示。圆心中横穿 NISSAN 字形,红色圆表示太阳,象征东方的旭日和诚心,蓝色的有字横幅代表着贯穿至诚的太阳,中间的白色字母是日语"日产"两字的拼音形式。整个图案表明了日产汽车公司位于"日出之国"的日本,日产的日语读音近似"尼桑",所以也被音译为"尼桑"。

日产——东方旭日。

图 4-20 日产汽车公司和汽车商标

三、本田汽车公司及其商标

本田(Honda)汽车公司,全称为本田技研工业股份有限公司。其前身是本田技术研究所,建于 1948 年 9 月,创建人是本田宗一郎。该公司生产的摩托车闻名世界,于 1962 年开始生产汽车。本田先后建立本田美国公司、本田亚洲公司、本田英国公司。

图 4-21 本田汽车公司和汽车商标

本田车名源自 1948 年本田宗一郎先生创立的本田摩托车公司。"本田"即本田宗一郎先生的姓氏。本田(Honda)商标(见图 4-21)图案中的"H"字母是 Honda 的第一个字母。"H"字母外边用方框围着。该商标体现了本田公司年轻性、技术先进性、新颖等形象特点,H 标志使人们一眼就能认出是本田汽车。

本田——字母 H。

四、马自达汽车公司及其商标

马自达汽车公司的前身是创建于 1920 年的东京软木工业公司,1927 年更名为东洋工业公司,总部设在广岛县安芸郡。1931 年正式开始在广岛生产汽车。1982 年公司正式更名为马自达汽车公司。马自达生产的汽车外形给人一种光滑圆润、不带一点棱角线条的感觉,因而特别受到广大女车迷的青睐。马自达汽车公司的精神是"顾客第一、尊重人性,与国际社会相协调"。

马自达车名,源自西亚人传说中的神的名字——阿弗拉·马自达(Afure Mazda),它象征古代文明,含有聪明、理智、理性和协调之意,代表着古西亚文明的铁器、车轮和家畜。"马自达"的中文意译具有马上自动到达的快速之意。马自达的文字商标(见图 4-22)是日本"松田"拼音"Maz-da"字样(两者发音相同),松田是马自达公司创始人的姓。目前,马自达商标采用飞鹰,意味着马自达展翅高飞,永闯车坛顶峰。

图 4-22 马自达汽车公司和汽车商标

马自达——飞鹰。

五、五十铃汽车公司及商标

1916 年,东京石川岛造船公司在制造海运船只的同时,开始酝酿由制造海运产品向陆上运输产品拓展,为此着手研制汽车。1918 年东京瓦斯电气工业公司开始生产 A 型载货汽车。1937 年,东京石川岛造船公司与东京瓦斯电气工业公司联合成立了东京汽车工业公司(五十铃汽车公司的前身)。1949 年日本五十铃汽车公司正式命名,总部设在东京。

图 4-23 五十铃汽车公司和汽车商标图

五十铃的名称来源于日本五十铃汽车公司所在地伊斯(ISUZU)的五十铃河,1974 年该公司开始采用两根柱子作为主题的商标(见图 4-23),一根柱子象征着与用户并肩前进的五十铃,另一根柱子象征着与世界各国协作发展的五十铃。这两个含义的商标充分说明了五十铃汽车公司的全球发展意图。

五十铃——两根柱子。

六、三菱汽车公司及其商标

1970 年,从日本三菱汽车重工业公司独立出来的日本三菱汽车公司是日本最年轻的汽车公司。三菱的名字源自 1870 年成立的九十九商会,后改称为三菱商会。1970 年,三菱汽车公司正式成立,翌年宣布与美国克莱斯勒公司合并。1986 年,三菱汽车公司与克莱斯勒公司在美国伊利诺依州合资创建钻石星汽车公司。三菱汽车公司目前在日本有 10 个生产厂、2 个轿车技术中心和

图 4-24　三菱汽车公司和汽车商标

1 个载货汽车及大客车技术中心,在国外拥有 13 家分公司。1980 年,三菱汽车公司与中国柳州微型汽车厂合作,将 L100 微型汽车引入柳州。

日本三菱汽车公司商标(见图 4-24)上的三个菱形是从几个世纪前的三片树叶演变来的。三片树叶是最初创建三菱汽车公司的 Lwasaki 家族的徽号。1873 年三菱集团的创始人岩崎弥太郎将九十九商会改称为三菱商会时,开始使用三菱商标,1917 年商标注册。红色的三菱商标体现了三菱公司的三个原则:承担对社会的共同责任;诚实与公平;通过贸易促进国际谅解与合作。

三菱——三片树叶。

第四节　法国的著名汽车公司及其商标

一、雪铁龙汽车公司及其商标

雪铁龙(Citroën)汽车公司前身是 1900 年建立的雪铁龙齿轮公司,1915 年由安德烈·雪铁龙创建。1919 年,雪铁龙英国汽车公司成立。此后,雪铁龙挪威、科隆、美国汽车公司成立。1975 年,雪铁龙汽车公司、标致汽车公司、塔尔伯特汽车公司合并成为标致-雪铁龙集团(PSA 汽车集团)。1990 年雪铁龙与中国第二汽车制造厂(东风汽车公司)签订了合资生产雪铁龙 ZX 富康轿车协议。

雪铁龙的车名以其创始人安德烈·雪铁龙的姓氏命名。由于雪铁龙的前身是雪铁龙齿轮公司,所以商标(见图 4-25)以公司前身生产的齿轮为背景,由啮合的人字形齿轮轮齿构成。啮合的人字形齿轮轮齿象征人们密切合作,同心协力,步步高升。

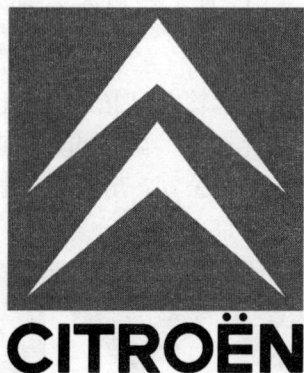

图 4-25　雪铁龙汽车公司和汽车商标

雪铁龙——一对人字齿轮轮齿。

二、标致汽车公司及其商标

1848 年,阿尔芒·标致在巴黎建立了一座工厂,生产锯条、弹簧和齿轮等。1896 年,在蒙贝利亚尔省创建了标致(Peugeot,曾译为别儒)汽车公司。

标致汽车公司和汽车的商标图案(见图 4-26)是一只站立的雄狮。雄狮是标致家族的徽章,后也是蒙贝利亚尔省的省徽。该商标既突出了力量,又强调了节奏,富有时

图 4-26　标致汽车公司和汽车商标

代感。喻示着标致汽车像雄狮那样威武、敏捷,永远保持旺盛的生命力。

标致——站立的雄狮。

三、雷诺汽车公司及其商标

雷诺汽车公司是路易斯·雷诺三兄弟于 1898 年在法国比扬古创建的,并以创始人的姓氏命名,它是世界上最悠久的汽车公司之一。在第一次世界大战中,雷诺汽车公司得到大发展,第二次世界大战遭到破坏。第二次世界大战后,因雷诺汽车公司曾与德国法西斯合作过,被国家接管,改为国营雷诺汽车公司,并兼并了萨维姆和贝利埃两家汽车公司。雷诺汽车公司和汽车的商标是四重菱形图案(见图4-27),象征雷诺三兄弟与汽车工业融为一体,表示雷诺能在无限(四维)的空间中竞争、生存、发展。

图 4-27 雷诺汽车和汽车商标

雷诺——四重菱形。

第五节 意大利的著名汽车公司及其商标

一、菲亚特汽车公司及其商标

图 4-28 菲亚特汽车公司和汽车商标

菲亚特(FIAT)是意大利都灵汽车制造厂(Fabbrica Italiana di Automobili Torino)的缩写,该厂建于 1889 年,厂址设在都灵市,其创建人是乔瓦尼·阿涅利。1899 年更名为菲亚特汽车公司。经过一个多世纪的发展,菲亚特汽车公司已成为意大利规模最大的汽车公司。不仅汽车产量占意大利汽车总产量的90%以上,而且还控制着阿尔法·罗密欧、兰西亚、法拉利等汽车公司。因为拥有这些著名汽车的品牌,被称为意大利的汽车王国。目前,菲亚特汽车公司和汽车商标(见图4-28)是圆形图案,月桂树枝环绕 FIAT,表示菲亚特汽车公司的成功、荣誉和辉煌。

菲亚特——桂冠。

二、阿尔法·罗密欧汽车公司及其商标

阿尔法·罗密欧汽车公司是意大利高级轿车、跑车和赛车的制造厂,建于 1910 年,总部设在意大利北部工业城市米兰。1910 年,一些米兰商人买下了米兰附近日益衰落的法国达拉克汽车公司的装配厂,开始生产普通轿车。公司当时的名字叫伦巴第汽车公司,缩写为 ALFA。第一次世界大战中,工程师尼古拉·罗密欧买下了该公司,用于生产军火。战后改为阿尔法·罗密欧(ALFA ROMEO)汽车公司,生产高级跑车和赛车。1923 年,阿尔法·罗密欧汽车公司起用著名汽车专家亚诺,设计生产了一系列优秀赛车,为公司在赛车界赢得声誉。但 1929 年的世界经济大萧条使阿尔法·罗密欧汽车公司破产。1931 年,国有的意大利

53

工业复兴公司收购了它。第二次世界大战后,公司仍生产一些高级赛车(包括F1赛车),但重点放在了批量生产的高级轿车和跑车上。进入20世纪80年代后,阿尔法·罗密欧汽车公司经营日益困难,产量下降,收入不稳定,劳资纠纷不断。为了摆脱困难,1987年,意大利政府决定将其私有化,菲亚特汽车公司收购了它。并入菲亚特汽车公司之后,阿尔法·罗密欧汽车公司提高了技术水平,获得了较大的发展。

图4-29 阿尔法·罗密欧汽车公司和汽车商标

1911年,阿尔法·罗密欧汽车公司采用了把"ALFA ROMEO"置于米兰市的圆形市徽(原是维斯康泰家族的徽章)外圈上半部的商标(见图4-29)。采用该商标,是为了纪念米兰市的创始人维斯康泰公爵及其家族。商标中的十字部分来源于十字军从米兰向外远征的故事。右部分原来是米兰大公的徽章,后来正式成为维斯康泰公爵家徽的一部分,为蛇正在吞食撒拉逊人的图案。关于该图案有许多传说,其中之一是它象征维斯康泰公爵的祖先曾击退了使该城人们受难的"恶龙"。

阿尔法·罗米欧——维斯康泰公爵的家徽。

三、法拉利汽车公司及其商标

法拉利汽车公司是意大利超级跑车制造公司,建于1946年,创始人是恩佐·法拉利,公司总部设在意大利赛车之都莫的那,现为意大利菲亚特汽车公司的子公司。法拉利既是一个汽车企业家,又是一位著名赛车手,他被誉为赛车之父。

法拉利汽车公司及其汽车商标为一匹跃马(见图4-30)。第一次世界大战时,一位叫康蒂斯·白利查的伯爵夫人,她的儿子(佛朗希斯科·巴拉克)是一名战斗机驾驶员,他曾用跃马图案作为自己的护身符,把其印在飞机上。白利查夫人是一个车赛迷,在1923年的一次车赛中,白利查夫人对法拉利说:"把跃马图案印到你的赛车上,它会给你带来好运的。"法拉利欣然同意了。跃马成了法拉利赛车上的吉祥物,从此好运频来。法拉利在创建他的汽车公司时决定以跃马图案为商标,将马的颜色改为黑色,并以公司所在地莫的那金丝雀的金黄色作为底色。

法拉利——一匹跃马。

图4-30 法拉利汽车公司和汽车商标

四、玛莎拉蒂汽车公司及其商标

1914年12月1日,玛莎拉蒂(MASERATI)家族的四兄弟在意大利博洛尼亚(Bologna)创建阿尔菲力玛莎拉蒂公司(Officine Alfieri Maserati),公司总部现设于摩德纳(Modena),随后的日子中玛莎拉蒂一直在赛车的研发方面充满造诣,后来主要生产豪华轿车和跑车。1993年菲亚特收购玛莎拉蒂,但品牌得以保留。玛莎拉蒂曾经是法拉利(菲亚特控股)的一部分,现为菲亚特克莱斯勒汽车(FCA)直接拥有。

1925 年马里奥·玛莎拉蒂为玛莎拉蒂设计了车标,灵感来源于在波洛尼亚 Maggiore 广场上的海神尼普顿(Neptune)雕像手持的三叉戟武器,特别值得一提的是,这尊雕像也为马里奥·玛莎拉蒂所设计。从此,三叉戟的标志就首次出现在玛莎拉蒂 Tipo 26 车型当中。

玛莎拉蒂商标(见图 4-31)是一个三叉戟兵器,相传这个兵器是罗马神话中的海神(在希腊神话中则称为海神尼普顿)手中的武器,它显示海神巨大无比的威力。该商标表示玛莎拉蒂汽车公司及其汽车,像浩渺无垠的大海咆哮澎湃,隐喻了玛莎拉蒂汽车快速奔驰的潜力。

玛莎拉蒂——当代海神。

图 4-31　玛莎拉蒂商标

五、兰博基尼汽车公司及其商标

兰博基尼(LAMBORGHINI)汽车公司由费鲁吉欧·兰博基尼创建于 1963 年,主要生产顶级跑车和赛车。总部位于意大利北部圣亚加塔·波隆尼(Sant' Agata Bolognese)。

费鲁吉欧·兰博基尼生于 1916 年,他精明能干,二战后不久,创建了自己的拖拉机工厂,20 世纪 60 年代初期,兰博基尼已成为商界的成功人士。关于费鲁吉欧·兰博基尼建立兰博基尼汽车公司的原因有多种说法,经由费鲁吉欧·兰博基尼的儿子东尼诺·兰博基尼口述的版本更具真实性。

驾驶法拉利 250 GT 的费鲁吉欧由于法拉利车辆离合器出现问题,导致比赛车辆失控,误伤观赏赛车的民众。于是向恩佐·法拉利投诉,恩佐·法拉利非但不理睬,还告诉费鲁吉欧·兰博基尼没能力驾驶法拉利 250 GT,只适合驾驶农业机械车辆。后来,费鲁吉欧·兰博基尼在自己公司仓库里,找到一个合适的备用配件安装,解决了法拉利 250 GT 的问题。此后对跑车极度热衷的费鲁吉欧·兰博基尼开始考虑生产可以满足自己需求的、比法拉利更好的跑车。

图 4-32　兰博基尼商标

1971 年费鲁吉欧·兰博基尼的拖拉机公司开始经历财务危机;1980 年兰博基尼汽车公司破产,被瑞士的 Mimran 兄弟公司收购;1987 年,兰博基尼被克莱斯勒收购;1993 年底,又被卖给了印度尼西亚的梅佳-泰克财团;1998 年,兰博基尼被奥迪汽车公司收购,现为大众汽车旗下品牌。

兰博基尼商标(见图 4-32)是一头斗牛,全身充满力气,正准备冲击,寓意该公司生产的赛车功率大,速度快,战无不胜。

兰博基尼——公牛蓄势待发。

第六节　英国的著名汽车公司及其商标

一、劳斯莱斯汽车公司及其商标

劳斯莱斯(Rolls - Royce)汽车公司建立于 1906 年,是由劳斯汽车销售公司和莱斯汽车制造公司联合而成,并以创始人查尔斯·劳斯和亨利·莱斯的姓氏命名。公司商标(见图4-33a)采用ROLLS、ROYCE两个单词的开头字母R叠合而成,喻义团结奋进、精诚合作、共同创业的精神。

a)商标 b)雕塑车标

图4-33 劳斯莱斯汽车公司和汽车商标

劳斯莱斯轿车以外形独特、古色古香、性能优良而驰名世界,是当今世界最尊贵、最豪华、最气派的轿车之一,被喻为帝王之车,在世界车坛上享有崇高的地位。

劳斯莱斯的雕塑车标(见图4-33b)是一尊金灿灿的飞翔女神像。1911年经朋友蒙塔古的介绍,劳斯认识了《汽车画报》的画家兼雕刻家查理士·赛克斯,求他为劳斯莱斯汽车设计一尊雕塑商标。赛克斯就以本画报社的莎恩顿小姐为模特,设计了飞翔女神,意为速度之魂。

劳斯莱斯汽车——飞翔女神。

二、捷豹汽车公司及其商标

捷豹(JAGUAR,原译为美洲虎)汽车公司曾音译为杰戈娃汽车公司,建于1935年,创始人是威廉·莱昂斯。2008年3月和路虎(LAND ROVER)一起被印度塔塔集团收购。目前捷豹汽车公司是美国福特汽车公司的子公司,总部设在英国考文垂。捷豹跑车以其雄姿倾倒众多车迷,受到车迷们的特殊宠爱和垂青。

捷豹汽车公司和汽车商标(见图4-34)以前为一只正在跳跃前扑的美洲虎雕塑,目前多采用美洲虎头像商标。美洲虎是世界最稀有、名贵的动物,这也体现了公司生产的汽车名贵和公司的勃勃雄心。

图4-34 捷豹汽车商标

捷豹——矫健勇猛。

三、路虎汽车公司及其商标

路虎(LAND ROVER)汽车公司是世界著名的越野汽车公司。其前身是建于1884年的自行车制造厂。随着汽车的出现,1904年开始,该公司把主要精力用于汽车生产上,但直到1946年才开发出令其后来闻名遐迩的四轮驱动汽车。1948年4月,路虎汽车在阿姆斯特丹车展上获得了极大的成功,从此走向世界。该公司几易其主,2008年被印度塔塔集团收购。

(ROVER)罗孚是北欧的一个民族。路虎商标(图4-35)采用了一艘正在行驶的海盗船图案,张开着的风帆象征公司乘风破浪、所向披靡的大无畏精神。同时,也表示该车就像ROVER民族一样具有勇猛顽强的气概。

路虎——现代"海盗"。

图 4-35　路虎汽车公司和汽车商标

四、宾利汽车公司及其商标

宾利(BENTLEY)汽车公司于 1919 年 8 月建立,是著名的豪华汽车制造商,总部位于英国克鲁。创始人是华特·欧文·宾利。第一次世界大战期间,宾利公司以生产航空发动机而闻名,战后开始设计制造汽车产品。1931 年,宾利被劳斯莱斯收购;1998 年,两者均被大众集团收购(同年 8 月,宝马购得劳斯莱斯的商标使用权)。

宾利商标(见图 4-36)是一只展翅翱翔的雄鹰,鹰的腹部注有公司名称 BENTLEY 第一个大写英文字母 B。鹰形商标,喻示着宾利汽车公司在全球范围内的发展能力。

图 4-36　宾利商标

宾利——展翅翱翔的雄鹰。

第七节　中国的著名汽车公司及其商标

一、第一汽车集团公司及其商标

中国第一汽车集团公司原名为第一汽车制造厂,于 1953 年 7 月 15 日在长春市破土动工。1956 年 7 月 15 日第一辆解放牌 CA10 型载货汽车诞生了。在首批汽车要下线的日子里,为中国人自己生产的汽车起一个什么样的名字呢? 大家出谋献策难以定夺,最后有人建议:第一汽车制造厂是毛主席亲自命名的,中国产的第一辆汽车的名字也请他老人家定吧。毛主席满足了一汽工人的愿望,经过斟酌,定名为"解放",还亲自写了解放两字(见图 4-37)。"解放"有双重意义,一是中国人民的解放,二是中国汽车工业的解放。

图 4-37　毛主席书写的解放车名

1956 年 7 月 15 日,下线的第一批解放牌载货汽车为 12 辆,到 2001 年 7 月 15 日累计生产解放牌载货汽车 300 万辆。

该厂 1958 年 5 月 5 日试制出东风牌轿车。1958 年 7 月试制出红旗高级轿车,并于 1960 年成立了轿车分厂。1988 年,第一汽车制造厂与德国大众集团的奥迪汽车股份公司签订了技术转让协议,引进生产奥迪 100 型高级轿车。1991 年与德国大众汽车股份公司合作成立一汽大众汽车有限公司。1982 年 12 月 20 日第一汽车制造厂联合了国内 300 多家企业,以第一汽车制造厂为主体成立解放汽车工业联营公司,后来改名为第一汽车集团公司。第一汽车集团公司及其生产的汽车的商标(见图4-38)是由阿拉伯数字"1"和汉字"汽"两个字艺术化的组合,构成一只展翅飞翔的雄鹰。同时,该商标也是第一汽车制造厂打印在零部件上的一个产品商标。该标志既代表不断进取、展翅高飞的中国一汽精神,又代表了中国汽车工业冲出国门、走向世界的决心。出口的一汽载货汽车在其前面标有"FAW"字样,意为第一汽车制造厂。

一汽——展翅飞翔的雄鹰。

早期的红旗轿车,在发动机舱一侧,有并排的五面小红旗作为车标,五面红旗分别代表"工、农、商、学、兵"。到了1958年7月,原先设计的五面红旗车标受到了有关人员的反对,认为用五面红旗作车标是不恰当的,应改为三面红旗,这三面红旗在发动机罩的前上方重叠直立,寓意为"总

图4-38 第一汽车集团和汽车商标

路线、大跃进、人民公社"三面红旗。到了1965年9月,全新的红旗CA770型轿车送到北京后,时任北京市市长彭真看到车上三面红旗的车标时说:还是用象征毛泽东思想的一面红旗好。后来请示上级,就把"三面红旗"的车标改为了"一面红旗",寓义为毛泽东思想的伟大旗帜。

"红旗"是中国轿车品牌第一"金"。2000年12月北京名牌资产评估有限公司发布:一汽"红旗"品牌价值为43.03亿元,位居全国各品牌轿车之首。"老红旗"轿车是在新中国成立不久后的1958年问世的,红旗轿车在中国备受尊崇,国家几代领导人都乘坐红旗轿车,成为中华人民共和国几度国庆大典的礼宾车。1962年,在周恩来总理的倡导下,红旗轿车又成为接待外宾的礼仪用车,许多外国首脑访华都乘坐红旗轿车,包括美国总统尼克松和法国总统蓬皮杜。红旗轿车在国际国内都享有很高的声誉。1960年1月,红旗轿车在摩洛哥展出,国王哈桑二世看到后,当即就决定把样车留下。外国友人来中国能坐一次红旗轿车会感到无上荣耀。红旗轿车是中华民族的骄傲。

在市场经济不断发展的今天,"小红旗"轿车紧跟世界先进技术,经过不断更新和技术改进,产品已系列化。红旗轿车已由政治品牌转化为商用品牌,由"领导用车"走入寻常百姓家。全新外形、全新装备的红旗世纪星轿车的投放,使"红旗"品牌的价值再一次提升,"红旗"真正的价值就在于她不仅是民族的,更是现代的。红旗H7轿车车标见图4-39。

图4-39 红旗H7车标

二、东风汽车公司及其商标

东风汽车公司原名为第二汽车制造厂,1967年在湖北十堰建厂,主要生产装载质量为5t的东风牌载货汽车。改革开放以来,该厂引进了国外许多先进技术,对旧东风汽车进行改造,现已成为我国最大的载货汽车生产厂家。1990年该厂又与法国雪铁龙公司正式签约,成立神龙汽车有限公司,生产富康牌轿车。1993年,东风汽车公司联合自己的配套厂,成立了东风汽车工业联营公司,成为中国南方汽车实力最强的工业集团。东风汽车公司和商标(见

图4-40），以艺术变形手法，取燕子凌空飞翔时的剪形尾羽作为图案基础，采用了含蓄的表现手法，含意是双燕舞东风。它格调新颖，寓意深远，使人很自然地就联想到东风送暖，春光明媚，神州大地生机盎然的景象，给人以启迪，给人以力量。东风汽车公司原名第二汽车制造厂。二汽的"二"字寓意于双燕之中，戏跃翻飞的春燕，外圆代表车轮，象征着东风牌汽车车轮不停地旋转。

东风——双燕舞东风。

图4-40 东风汽车公司和汽车商标

三、上汽大众汽车有限公司

上汽大众汽车有限公司（原上海大众汽车有限公司）是一家中德合资企业，由上汽集团和大众汽车集团合资经营。公司于1985年3月成立，总部位于上海安亭，是国内历史最悠久的汽车合资企业之一。

20世纪70年代末，上海决定从国外引进先进的汽车制造技术。为选择合适伙伴，历时6年，历经60多次的艰辛谈判，决定引进德国的大众汽车技术，生产桑塔纳牌轿车。1993年桑塔纳已突破年产10万辆大关，1996年年产量又突破20万辆大关。上海桑塔纳LX系列轿车为第一代产品，它是德国大众汽车公司20世纪80年代初设计生产的产品，桑塔纳LX系列轿车的投产，改变了我国轿车工业的落后面貌，成为我国社会保有量最多的国产轿车。

从桑塔纳的技术引进，到桑塔纳2000型和帕萨特轿车的联合开发，从桑塔纳3000型起对自主开发的探索，到新帕萨特、Lavida家族的成功研发，上汽大众不断发展。

第八节　其他国家的著名汽车公司及其商标

一、俄罗斯伏尔加汽车厂及其商标

伏尔加汽车制造厂简称"伏阿斯"（BA3）厂，建于1967年，是苏联与意大利菲亚特汽车公司的合资企业（意大利投资4%），也是苏联引进国外投资兴建的第一家汽车厂，还是目前俄罗斯最大的汽车制造商。2008年2月，法国雷诺集团收购其25%的股份。2014年6月27日，雷诺—日产联盟股比超过50%，完成对俄罗斯伏尔加汽车制造厂的控制。

该厂根据出口的需要，轿车是仿制菲亚特124、菲亚特125制造的拉达（LADA）牌（苏联称为日古利牌）。日古利是伏尔加河畔一条山脉的名字。该厂是苏联最大的汽车制造厂。由于日古利读音在英、法语言中与"舞男"（gigolo）近似，又像阿拉伯语中的"假货""骗子"，

图4-41 拉达汽车商标

所以出口型号改称为拉达。拉达轿车商标（见图4-41）为LADA中的L和D两个字母组合成的一带帆的游船图形。拉达是一种在伏尔加河上航行的古老帆船的名称。该商标喻示拉达汽车像帆船一样游遍世界上各大江、河、湖、海，使其遍布世界五大洲。

拉达——张满风帆的帆船。

二、俄罗斯高尔基汽车厂及其商标

高尔基汽车制造厂是与美国福特汽车公司合作,由美国建筑师阿尔伯特·卡恩设计,于1932年在高尔基建立的。最初制造嘎斯(ΓА3)51型载货汽车。

我国于20世纪50年代建成的南京汽车制造厂就是仿造该型汽车起步的。1956年,高尔基汽车制造厂开始生产伏尔加轿车,后又制造吉姆轿车。

伏尔加(Волга)轿车的商标(见图4-42)采用的是在车头上嵌一只银色的奔鹿,昂首扬蹄,非常潇洒,给人一种欲向前跃的动感。自1962年伏尔加轿车商标(见图4-43)改变,把车头上的奔鹿取消,换成一只悠然自得的鹿作为商标。

伏尔加——奔鹿。

图4-42　伏尔加轿车商标(改变前)　　　图4-43　伏尔加轿车商标(改变后)

三、捷克斯柯达汽车制造厂及其商标

斯柯达(SKODA)汽车部原是斯柯达汽车厂,建于1895年,当时是由商人克莱门特和机械师劳林合办的一家自行车厂,生产自行车、摩托车。1905年造出第一辆汽车。1925年该厂与皮尔森的斯柯达工厂合并,更名为斯柯达汽车厂,开始生产斯柯达牌汽车。1946年该厂被收归国有,更名为国营汽车厂。1991年并入德国大众集团,成为其子公司。斯柯达汽车曾是欧洲知名度相当高的汽车,尤其是柴油机货车和客车深受用户欢迎。20世纪50年代,我国进口了许多斯柯达载货汽车和客车。1960年我国济南汽车厂制造的黄河JN150型重型载货汽车就是参照斯柯达706RT型载货汽车设计的。

斯柯达轿车采用的商标(见图4-44)外面是一个大圆圈,里面是一只生出翅膀的蓝色飞箭。最外边的大圆圈表示为完美的、可跑遍全球的通用产品;圆圈中的翅膀象征技术进步,包括广泛的生产

图4-44　斯柯达汽车部和汽车商标

和世界性的产品销售;翅膀下方的箭头表明生产方式的进步,翅膀上的小孔眼则代表生产的精确度、技术的灵敏性。斯柯达车标体现了斯柯达人的创造精神和为达到目标而奋力拼搏的大无畏的气概。

斯柯达——长翅膀的飞箭。

四、捷克太脱拉汽车制造厂及其商标

太脱拉(TATRA)汽车厂是捷克最古老的汽车厂之一,创建于1897年。该厂是捷克汽车工业的开拓者,其设计制造的汽车有独到之处。从20世纪50年代开始,我国陆续进口一定数量的太脱拉系列汽车。邢台汽车制造厂生产的汽车就是参照太脱拉汽车设计的。

太脱拉汽车厂和汽车名称是以捷克最高的山,即海拔2633m的太脱拉山命名的。太脱拉汽车商标(见图4-45)为外边用圆圈包围着的太脱拉英文字母"TATRA"的图案。

太脱拉——高山的名称。

图4-45 太脱拉汽车公司和汽车商标

五、韩国现代汽车公司及其商标

韩国现代汽车公司是韩国最大的汽车公司。该公司建于1967年,建厂初期只是组装美国福特汽车公司的轿车,到1974年才开始生产自己的轿车。该公司从开始建立就一直受到韩国政府的扶植,发展很快。到20世纪80年代初,韩国政府仍控制着轿车的发展,仅允许现代汽车公司一家企业生产轿车,使该企业出现跳跃式发展。该公司现主要生产轿车、客车、货车、轻型越野车以及其他特种车辆。

现代汽车公司及生产的汽车商标图案(见图4-46)为现代公司英文拼音HYUNDAI第一个字母"H",与日本本田商标的区别在于它用的"H"为斜花体,且"H"外边用椭圆包围着。椭圆象征现代汽车遍及全球。这枚椭圆形的商标安装在现代汽车公司所有产品的车头上。

图4-46 现代汽车公司和汽车商标

现代——椭圆中的斜花体H。

六、瑞典沃尔沃汽车公司及其商标

阿瑟·加布里尔森和古斯塔夫·拉森都曾在瑞典轴承厂工作。1924年,两人商定设计生产瑞典自己的汽车,于1927年在瑞典哥德堡创建了沃尔沃(VOLVO,曾译为富豪)汽车公司,主要生产轿车、客车、载货汽车和工程机械等。卓越的性能、独特的设计、安全舒适的沃尔沃轿车,为车主提供一个充满温馨的可移动的家。

沃尔沃汽车公司及汽车商标(见图4-47)是由图案和文字两部分组成,其商标图案为车轮形状,并有指向右上方的箭头。文字"VOLVO"为拉丁语,是滚滚向前的意思,寓意着沃尔沃汽车的车轮滚滚向前和公司兴旺发达,前途无量。

2010年8月,浙江吉利控股集团有限公司完成了对福特汽车公司旗下沃尔沃轿车公司的全部股权收购,成为沃尔沃的新股东。

沃尔沃——滚动的车轮。

图4-47 沃尔沃汽车公司和汽车商标

第五章　汽车名人

从 1886 年到现在,汽车走过了 130 多年的历程。在这期间有指责,有赞美,有曲折,有辉煌,更有无数汽车名人各显风骚,他们不折不挠、勇于创新,甚至为汽车事业奉献一生。正是这些英雄们创造了一个神奇的汽车世界。

第一节　卡尔·本茨

卡尔·本茨(1844—1929 年)被誉为现代汽车之父。他勇于向马车、蒸汽汽车挑战,以内燃机的采用实现了车辆的自动化,从此使人类社会步入了现代汽车时代。本茨还开创了奔驰汽车公司和戴姆勒汽车公司联合的先河。

最初本茨在德国的曼海姆经营奥托四冲程煤气机,后来他投入到汽油机的研制,在屡次失败后他没有灰心。1879 年的新年钟声敲响时,也响起了汽油机的运转声,本茨研制成功了火花塞点火汽油机。

1883 年,本茨就在德国曼海姆成立奔驰公司,于 1885 年造出了第一辆三轮汽车,1886 年他获得了该车的专利。然而开始买这种车的顾客不多,甚至受到人们的讥讽。由于本茨的妻子贝尔塔·本茨试车的奇迹给予了本茨充足的信心和克服困难的勇气,激励他对奔驰汽车进行改进,安装了功率更大的发动机。

1901 年,戴姆勒汽车公司梅塞德斯轿车的出现,对奔驰轿车来说是很大的挑战。1924 年,奔驰和戴姆勒这两家创建最早、名声很大的汽车公司开始接触,协调设计和生产,并且把产品广告登在一起。两年以后(1926 年),两家公司正式合并,组成戴姆勒-奔驰汽车公司,生产出梅塞德斯·奔驰轿车。

1925 年 7 月 21 日,在德国慕尼黑举行的第一次老爷车拉力赛上,81 岁高龄的卡尔·本茨驾驶着他发明的三轮奔驰汽车参加了比赛,这一赛事被载入《世界最初事典·体育篇》。

在戴姆勒汽车公司和本茨汽车公司合并的第三年(1929 年)的春天,卡尔·本茨因病去世,享年 85 岁。德国各地的人们不断前来吊唁这位汽车工业的伟人。本茨离开了人间,他却把汽车永远留给了世界。

第二节　戈特利布·戴姆勒

戈特利布·戴姆勒(1834—1900 年)发明了高速内燃机、摩托车和四轮汽车。他既被称为汽车之父,也被称为摩托车之父。他还是"三叉星"商标的最早设计者。

戈特利布·戴姆勒毕业于斯图加特市技术学校,曾就职于奥托建立的道依茨发动机公司。自 1882 年和好友威廉·迈巴赫一起从事高速内燃机的研制工作。1883 年 8 月 15 日,戴姆勒研制成功世界上最早的高速内燃机。1885 年,他又研制出第二台立式单缸内燃机,并把该发动机装到一辆骑士牌自行车上,从而出现了世界上第一辆摩托车。

1886 年,戴姆勒为了给他爱人准备生日礼物,决定把马车改造成汽车。他买了一辆四座位的马车,拆下了车轴,装上了链条和自己设计的单缸汽油发动机,并装上了转向等装置,制成了一辆四轮汽车。迈巴赫驾驶这辆四轮汽车,从坎斯塔特开到温特吐克海姆,共行驶3km,没有发生故障。

在相距约 100km 的曼海姆和坎斯塔特,本茨发明了三轮汽车,戴姆勒发明了四轮汽车。所以,本茨和戴姆勒都被称为"汽车之父"。

1890 年,戴姆勒公司成立。据戴姆勒儿子回忆,1873 年,父亲曾从外地寄一张明信片给母亲,上面画了一颗星,他期望有一天会看到这颗星在他的公司上空升起。1909 年,戴姆勒汽车公司和汽车商标采用了把三叉星镶嵌在圆圈内的商标。百年沧桑,世纪变迁,在戴姆勒·奔驰汽车总部大厦顶上的"三叉星"依旧是星光明亮,"三叉星"随着梅塞德斯·奔驰轿车在世界各地闪闪发光。

第三节　亨利·福特

亨利·福特(1863—1947 年)推出经济型 T 形汽车,创造了用流水线装配汽车的方式,被誉为汽车大王。

福特小时候就对蒸汽机、火车感兴趣。他的父母常说:我们的孩子是一台机器。

在底特律市,他当过工人、工程师,被爱迪生照明公司聘为机械师。下班后,他经常在家中的棚子里研究制造机械。

1893 年圣诞节,福特研制的汽油机试验成功,1896 年造出了汽车。1903 年 6 月 16 日,福特和 11 名合伙人建立了福特汽车公司。

当时的汽车很昂贵,1907 年美国平均每辆汽车售价 1000 美元,一般人无能力购买。1908 年,福特生产出 T 形汽车,接着又创造了用流水线装配汽车的方式,使汽车装配时间缩短,成本降低,发生了汽车工业的第一次变革。

福特晚年时特别保守专横,没能适应消费者需求的变化,不能及时推出新车型。在用人上,排斥他的儿子——主张改革的埃塞尔·福特。1927 年福特汽车公司世界第一的位置被通用汽车公司占据,1936 年还一度被克莱斯勒汽车公司超过。1943 年,他的儿子埃塞尔·福特病故,围绕公司继承权的问题,公司和福特家族发生了一场激烈的斗争。1945 年,福特在感到自己已无法控制局势之后,他辞去了公司总经理的职务,把福特汽车公司交给长孙亨利·福特二世。1947 年 4 月 7 日,福特因脑溢血死于底特律市,终年83 岁。

1947 年 4 月《纽约时报》对福特这样评价:"当他未来到人世时,这个世界还是马车时代。当他离开人间时,这个世界已成了汽车的世界。"

《福特传》作者对福特有这样的评述:"亨利·福特创造了历史,并生活在这个历史阶段,他的建树超过其他任何人。他发现和开拓机器的未知领域,从而改变了人类形象。当年轻的他离开农庄时,5 个美国人中有一个住在城市,而当他离开人世时,由于福特汽车扩大了人类的活动,比例正好反了过来。在他去世时,在福特公司生产的汽车和他出生时的美国人一样多。主要由于他,美国有 1/7 的人在制造汽车或在与汽车有关的企业里工作。"

第四节　威廉·杜兰特

威廉·杜兰特(1861—1947 年)在别克汽车公司处于困境时以别克汽车公司为核心创建了通用汽车公司。1910 年,通用汽车公司出现了严重的经济危机后,他第一次离开了通用。杜兰特和路易斯·雪佛兰创建了雪佛兰汽车公司,利用雪佛兰汽车公司的利益和皮埃尔·杜邦的支持,1916 年再次出任通用汽车公司的总经理。由于管理不善,五年后他又被迫辞职。但谁也不能否认杜兰特是通用汽车公司的创始人。

1886 年,杜兰特在底特律市附近的弗林特开设了马车厂,该厂很快成为全美最大的马车制造商。1904 年别克汽车公司经济陷入困境,杜兰特预感到这是一个使他涉足汽车制造业的天赐良机,果断地拿出巨款买下了别克汽车公司,他被选为别克汽车公司的董事长,别克汽车公司是杜兰特在世界汽车工业成名的起点。

1908 年,杜兰特以别克汽车公司为核心创建了通用汽车公司。仅过两年,通用汽车公司出现了严重的资金困难。董事会接受了通用汽车公司举债的请求,也提出杜兰特必须辞职的要求,于是他被迫离开了通用汽车公司。这时,妻子、女儿、地位、事业……似乎一切都离他而去。

此后,杜兰特并没有气馁,1911 年 11 月 3 日,他和雪佛兰创建了雪佛兰汽车公司,并且经营得非常成功,获得了巨额利润。另外,由于美国化工大王杜邦财力的支持,1916 年,杜兰特秘密买下了通用汽车公司的大部分股权,重新控制了通用汽车公司。1916 年 6 月,杜兰特再次出任通用汽车公司的总经理。

在重新获得了通用汽车公司领导权以后,杜兰特完全凭个人的力量经营公司,只热衷于公司规模的扩大,忽视公司的管理和生产效率的提高,分公司各自为政,产品重复……杜兰特的一系列失误,导致 1920 年公司再次出现严重危机。1920 年杜兰特又被迫离开了通用汽车公司,并彻底离开了汽车界。后来,杜兰特在默默无闻中度过了晚年。

杜兰特创建了通用,通用也险些毁于他的手中。杜兰特的失败,表明管理是现代企业的生命。

第五节　阿尔弗莱德·斯隆

阿尔弗莱德·斯隆(1875—1966 年)对社会最杰出的贡献,在于他成功地创造了一整套大型工业公司组织管理体系。人们把通用汽车公司在这方面所取得的成就,视为"企业管理上的一次划时代革命"。他不仅在组织管理体系上创造了丰功伟绩,而且在具体的生产管理、销售经营等领域均取得了辉煌的业绩。斯隆有"世界上最伟大的董事长"之称。斯隆挽救了通用汽车公司,并为通用汽车公司日后的大发展奠定了坚实的基础。

斯隆出生于一个商人家庭,1897 年毕业于麻省理工学院。

1923 年 5 月,面对通用汽车公司的内忧外患,董事长杜邦将自己自杜兰特离职以后兼任的公司总经理大权交给了斯隆。后来的实践证明,这是通用汽车公司发展历程中的英明决策。斯隆以他的聪明才智为通用汽车公司构筑起一套完整的组织机构,建立了一整套的管理、财务制度,为通用汽车公司日后的大发展打下了坚实的基础。

斯隆任职期间,针对通用汽车公司的情况提出了"分散经营和集中协调相结合"的管理方式,这一方式被沿用至今。根据市场的变化,他又提出了"分期付款,旧车折价,年年换代,密封车身"四项原则。也是斯隆最先指出了汽车不再仅仅是一种普通的交通工具,还将是人们对魅力、式样和舒适的追求。因此,汽车厂家必须重视汽车的各个方面,使自己的产品满足消费者个性的需要。

在斯隆的卓越领导下,通用汽车公司迅速超过其竞争对手,成为美国和世界最大的汽车公司。自他 1923 年接任总经理以来,一直到 1966 年 91 岁高龄离开人世前,他始终担任着通用汽车公司的总经理、董事长、名誉董事长。

第六节 沃尔特·克莱斯勒

沃尔特·克莱斯勒(1875—1940 年)是艾奥瓦州一名铁路技师的儿子。青年时制造过一辆微型蒸汽汽车,后在一家工厂当机械师。1908 年到通用汽车公司别克分部工作,开始年薪只有 6000 美元,由于他技术超群,备受杜兰特的赏识,把他的年薪最后增加到 50 万美元。由于克莱斯勒和杜兰特难以合作,他于 1920 年辞职,接管了困难重重的威利斯-奥费兰德和马克斯威尔汽车公司。

克莱斯勒在汽车设计上大胆创新,如在马克斯威尔汽车公司生产的克莱斯勒 6 号大获成功后研制的菲密德、凯布、欧斯凯尔顿,被称为"三名快枪手"。1925 年 6 月 6 日,在这两家汽车公司的基础上成立了克莱斯勒汽车公司。从此,公司发展很快,到 1927 年由汽车产量的第二十七位上升到第五位。1928 年买下道奇汽车公司和顺风汽车公司,1929 年产量上升到第三位,自 1933 年开始,一度上升到第二位。

1935 年 7 月 22 日,克莱斯勒在过完 60 周岁生日后,辞掉公司总经理职务,改任董事长,直至 1940 年 8 月 8 日去世。

第七节 丰田喜一郎

丰田喜一郎(1894—1952 年)是丰田汽车工业的创始人,是发展日本汽车工业的功臣,日本人称他是"日本的大批量汽车生产之父",他创造了后来风靡全球的"丰田生产方式"。

丰田喜一郎的父亲丰田佐吉既是日本有名的纺织大王,也是日本大名鼎鼎的"发明狂"。

丰田佐吉为了发展自己的工厂,将丰田喜一郎送到东京帝国大学机械工程学科读书,毕业后让他到自己的自动织布机械厂工作。

经过 10 年磨炼,丰田喜一郎晋升为主管技术的常务董事。然而,目光远大的丰田喜一郎并不满足眼前的成就。当他发现汽车能够给人带来极大方便时,预感到这一新兴行业具有广阔的发展前景,决定将其作为自己的毕生事业,他的这一想法得到了父亲的大力支持。

1929 年底,他代表自动织布机械厂到英国去签订一项合同。在国外,他除了完成父亲交办的事情外,花了四个月的时间考察英国的交通,走访了英、美,尤其是美国的汽车生产企业,弄清了欧美国家的汽车生产情况。这次国外之旅给他留下了极为深刻的印象,坚定了他发展汽车事业的决心。

1930年,丰田佐吉去世前,他将儿子叫到面前,给他留下了作为父亲的最后一句话:"我搞织布机,你搞汽车,你要和我一样,通过发明创造为国效力。"他还亲手将转让专利所获得的100万日元专利费交给儿子,作为汽车研究启动经费。

丰田佐吉去世以后,工厂总裁的职务由丰田喜一郎的妹夫丰田利三郎担任。1933年,在丰田喜一郎的一再要求下,丰田利三郎勉强同意公司设立汽车部。1933年9月,他着手试制汽车发动机,拉开了汽车生产的序幕。1935年8月,成功制造了第一辆丰田牌GI汽车。1937年8月28日丰田喜一郎创建了丰田汽车公司。丰田喜一郎的指导思想是:贫穷的日本需要便宜的汽车,生产廉价的汽车是公司的责任。后来,丰田汽车公司确立了"用低成本,大批量的生产方式生产高质量的汽车,进而加入世界第一流汽车工业"的方针。

丰田喜一郎颇有战略家的眼光,他自公司建立开始就注意到从基础工业入手,着眼于整体素质的提高,使材料工业、机械制造业、汽车零部件和汽车工业同步发展,为汽车大批量生产创造条件。因此,日本人称丰田喜一郎是"日本的大批量汽车生产之父"。

丰田喜一郎对汽车工业的另一项贡献是对生产过程的科学管理。他主张弹性生产方式,"工人每天只做到必要的工作量"即可,"恰好赶上",减少零部件库存,开始了"丰田"生产方式。

丰田喜一郎创建丰田汽车公司过程十分艰难。他的妹夫丰田利三郎曾坚决反对搞汽车;后又遭受由于经济危机引发的工人罢工的厄运,为了挽救丰田汽车工业公司,丰田喜一郎一度辞职。当他再次出任经理不到半个月,1952年3月27日,丰田喜一郎患脑溢血去世,终年58岁。

第八节 费迪南德·保时捷

费迪南德·保时捷(曾译为波尔舍)(1875—1951年)的主要功绩是成功地设计了甲壳虫汽车,促进了汽车的大众化,所设计的赛车体现了高超的汽车设计水平。保时捷被誉为"汽车设计大师"和"赛车大王"。

1875年12月3日,保时捷出生于奥地利的一个铜匠之家,15岁进夜大学习。后来,他一边在电厂工作,一边在维也纳工学院进修。

保时捷辗转过许多公司,因为他过于自信,对任何看不惯的事情都不妥协,经常与上司的意见相违背,所以不得不经常更换工作。他曾经长时间在戴姆勒发动机公司任技术经理之职,1924年,试制成功了两种新型发动机,在当时各种汽车比赛中为戴姆勒发动机公司赢得荣誉,斯图加特技术科学院为保时捷冠以博士头衔。由于他的许多意见与老板相左而于1929辞职。后来又转到奥地利的休塔阿汽车公司,但由于休塔阿公司破产只好又离开了。1930年,保时捷创建了保时捷汽车公司。1934年,保时捷一家取得了德国护照。

德国政府决定成立一个专门生产国民车的汽车公司,由保时捷选择厂址,最后选定在萨克森州的沃尔夫斯堡。这是一个理想的地点,约有一万英亩的农田面积,足以建造一座完整的厂区和一个规模可观的工业城。1937 年 5 月 28 日,大众汽车公司成立。1938 年,举行了新厂开工典礼,当天参加典礼的共有 7 万多人,场面非常浩大。1939 年 8 月 15 日,保时捷的甲壳虫牌汽车正式投产,当时预计每年生产 150 万辆,但是,由于二战爆发,只生产了 630 辆就中断了。二战期间,大众为德国法西斯政府生产了大量的越野汽车、坦克、炸弹等,正因如此,二战后期被盟军作为重要的军事目标而轰击,其 2/3 的厂房被摧毁,机器设备遭到严重的破坏,损失约达 1.56 亿马克。由于保时捷充当了希特勒的最大军火供应商,战后沦为战争罪犯被关进法国监狱,大众汽车公司的财产被英国接管,专门为盟军生产军用车和越野车。1945 年大众汽车公司重建,开始大批量生产由保时捷先前设计的甲壳虫汽车。由于该型车占领了平民车这个最大市场,曾风靡全球,取得了极其辉煌的成就,累计产销达 2000 万辆,创单一车型最高产量的世界纪录。

1948 年,获释后的保时捷重操旧业,他回到保时捷汽车公司,精心设计、制作了 50 辆功率为 30kW、铝质车身的保时捷 356 型(因先后进行 356 次设计变动而得名)赛车。由于该型车在一次重大比赛中出人意料地战胜了许多欧、美名车,保时捷一夜之间成为妇孺皆知的英雄,其地位更高了。

1951 年 1 月 30 日,就在保时捷 356 型赛车开始为公司赢得荣誉时,保时捷因病去世,终年 77 岁。他生前为大众制造汽车和制造划时代赛车的两个理想都实现了。

"费迪南德·保时捷"这个名字永垂青史。上百万辆保时捷赛车、2000 多万辆甲壳虫汽车及其大量汽车爱好者俱乐部——所有这一切都是对一代汽车设计大师的纪念。

第九节 安德烈·雪铁龙

安德烈·雪铁龙(1878—1935 年)是雪铁龙汽车公司的创始人,是发动机前置、前驱汽车的发明者,他十分重视汽车生产和销售的管理。

雪铁龙出生于法国巴黎,父亲原籍荷兰,母亲是波兰人。他于 1912 年发明了人字齿轮,并在巴黎创建了以自己姓氏命名的齿轮厂。1915 年,雪铁龙创建了雪铁龙汽车公司,是法国第一个采用流水线生产汽车的公司。第一次世界大战期间,雪铁龙又从事了炮弹的制造。第一次世界大战结束后,将兵工厂改为生产汽车,并率先在法国大批量生产经济型轿车。1934 年 3 月 24 日,雪铁龙发明了发动机前置、前驱动汽车,这是至今轿车仍采用的布置形式。

雪铁龙认为:汽车厂卖的不只是汽车,还有无微不至的服务。他逐步完善了汽车销售方式,创立一年保证期制度,建立分销网,列出汽车零件目录和维修费用一览表,使所有销售处、维修点的费用得以统一。1922 年后,他大力推广分期付款的售车方式,成立了全国第一个专门分期付款的机构,并在国外建立分支机构。此外,他还创办了许多出租汽车公司,在全国各地形成了游览汽车服务网。

为了促进汽车销售,雪铁龙发动了强大的广告攻势:在巴黎的各公路交叉口设置了画有雪铁龙公司双人字形轮齿标志的 10 万多个标志牌;在众目睽睽之下,把全钢车身的新型轿车从崖上推下山涧,结果新车毫发未损,以展示轿车的坚固性;不惜重金租用了一架飞机,让飞机用尾烟在天空中喷出公司的字母缩写造型;把雪铁龙文字配以照明设备在埃菲尔铁塔上大做广告,人们在方圆30km内都可清晰地看到……

1929年世界经济大萧条开始,雪铁龙汽车公司却继续扩大生产,1934年雪铁龙汽车公司宣告破产,被米其林公司接管。

从此,雪铁龙本人因患忧郁症住进了医院,1935年7月3日去世。在他死后的两天时间里,数不清的工人、经销商、顾客,纷纷涌进雪铁龙公司向他致哀,法国政府也给他颁发了一枚二级荣誉勋章。今天的雪铁龙汽车公司仍然名震全球,他的发动机前置、前驱动汽车的设计方案历时70多年仍没过时,就是对雪铁龙的最好评价。

第十节　恩佐·法拉利

恩佐·法拉利(1898—1988年)是世界著名的赛车手,他是法拉利汽车公司的创始人,别致的法拉利赛车名闻世界。

恩佐·法拉利于1898年2月18日出生于意大利北部的莫的那,从小爱好汽车赛,13岁开始独自驾驶汽车。第一次世界大战时法拉利被征入伍,战后先在都灵汽车公司当验车员,后转入米兰CNN汽车公司当试车手。1919年他驾驶CNN赛车参加了战后第一次探戈·弗列罗大赛(环西西里岛拉力赛),这是他第一次参加汽车赛,获得了第九名。1920年,法拉利进入阿尔法·罗密欧车队。1923年,法拉利驾驶阿尔法·罗密欧汽车公司制造的赛车在拉文纳汽车赛中获胜,法拉利和阿尔法·罗密欧车队也一举成名。

1929年,法拉利在莫的那创建了飞毛腿有限公司,掌管阿尔法·罗密欧的车赛活动,维护客户的赛车,并且在所参加的一系列比赛中取得了辉煌战绩。

1938年,法拉利离开了阿尔法·罗密欧汽车公司。由于法拉利掌握着阿尔法·罗密欧汽车公司的技术资料,该公司于是向法院起诉。1939年,法院裁定法拉利在四年内不得以自己的名字制造汽车。但这一判决是多余的,第二次世界大战的爆发使法拉利制造自己的超级赛车的梦想暂时成了泡影。

1945年,第二次世界大战结束,法拉利全力实现自己造车的心愿。1947年,第一辆以跃马为商标的红色法拉利赛车诞生。从此,法拉利为世界赛车史写下了无数辉煌的篇章。

人们普遍认为法拉利汽车公司制造的汽车,不是现实的汽车,而是超越时空的艺术品。

1969年法拉利汽车公司被菲亚特汽车公司收购,但法拉利以他无可比拟的威望保持对法拉利汽车公司的绝对控制。虽然岁月流逝,法拉利日益衰老,可他对赛车的热情和对法拉利汽车公司影响不减当年。直至20世纪80年代末期,近90岁高龄的法拉利还到公司上班,并扮演决策者的角色。

1988年9月14日,90岁的恩佐·法拉利与世长辞。但他不可能被人们忘记,红色法拉利赛车还在世界各地赛车场上强劲地飞奔。1995年,英国著名的AUTOCAR杂志在评选"世纪汽车英才"时,恩佐·法拉利以绝对优势当选。

第十一节　饶　斌

饶斌(1913—1987年)是"中国汽车工业的奠基人",也被誉为"中国汽车之父"。他为中国汽车工业的发展做出了卓越贡献。

饶斌于 1913 年 1 月出生于吉林省吉林市。1952 年,饶斌被任命为中国第一汽车制造厂厂长,从此结束了中国不能制造汽车的历史。1965 年,中国汽车工业公司决定成立第二汽车制造厂筹备处,饶斌是五人领导小组的负责人,在困难重重的条件下,终于建成了第二汽车制造厂。

1977 年后,饶斌调到北京,曾任第一机械工业部副部长兼汽车工业管理局局长、第一机械工业部部长兼汽车总局局长、中国汽车工业公司董事长、中顾委委员等职。

1987 年夏天,饶斌到上海,视察为上海桑塔纳轿车配套的几家零部件厂。他还提出了在上海发展轿车工业的建议。

饶斌由于过度劳累,长期的高血压进发了脑溢血,抢救无效,于 1987 年 8 月 29 日在上海与世长辞。终年 74 岁。

饶斌在第一汽车制造厂参加解放牌载货汽车出车三十年纪念大会上曾激动地说:我老了,无法投入中国汽车工业的第三次创业。但是,我愿意躺在地上,化作一座桥,让大家踩着我的身躯走过,齐心协力把轿车工业搞上去……

党和政府对饶斌为中国汽车的发展所做出的贡献给予了崇高的评价,称他是"中国汽车工业的奠基人"。外国人把他称为"中国汽车之父"。

第十二节　弗力斯·汪克尔

弗力斯·汪克尔(1902—1988 年)是德国工程师,被誉为"转子发动机之父"。

汪克尔自 1924 年开始研究转子发动机,于 1929 年取得第一个转子发动机专利。第二次世界大战时他从事军用航空发动机研究,战后曾被捕入狱。获释后,1951 年起又在德国纳苏(NSU)公司继续进行转子发动机的研究。1957 年,研制出第一个实用的转子发动机。1960 年,第一辆装有转子发动机的轿车在纳苏问世。

不过转子发动机的大量应用不在德国,而在日本。1967 年,日本东洋公司(现马自达公司)购买了汪克尔转子发动机的专利,在解决了一些技术难题后,将其投入批量生产。

第六章 汽车运动

"赛车"一词来自法文（Grand Prix），意思即大奖赛。在国外，汽车比赛几乎与汽车具有同样长的历史。今天，各式各样的汽车比赛被统称为现代汽车运动，它是世界范围内一项影响较大的体育运动。多姿多彩的汽车运动使这一冷冰冰的钢铁机器充满了柔情蜜意，同时，汽车运动的激烈、惊险、浪漫、刺激，不仅使成千上万的观众为之痴迷，还使世界汽车技术的发展日新月异。

1904年6月10日，在赛车运动兴盛的法国成立了国际汽车联合会（法文缩写为FIA，当时不是用此名，1964年改为现称），由它负责管理全世界汽车俱乐部和各种汽车协会的活动。国际汽车联合会有一个下层机构叫国际汽车运动联合会（缩写为FISA），成立于1922年，其任务主要是制定有关参赛的车辆、车手、路线和比赛方法等相应规则，对比赛记录进行认可，并在各地举行汽车赛时做必要的调整或协调。

国际汽车运动联合会由世界汽车运动委员会（World Motor Sport Council）的22个小组掌管，此委员会负责制定、监督和管理全球一切有关赛车事宜。在国际汽车联合会之下还设有若干具体赛事委员会，协助世界汽车运动委员会处理事务。

中国汽车运动联合会（FASC）于1975年在北京成立，1983年加入国际汽车联合会。

第一节 汽车运动起源

使用汽车在封闭场地内、道路上或野外比赛速度、驾驶技术和性能的一种运动项目称为汽车运动。19世纪80年代，欧洲大陆出现了最早的汽车。汽车运动也随着汽车工业的发展而兴起。起初，汽车比赛的目的是为厂商检查车辆的性能，宣传使用汽车的安全性和可靠性，因此汽车厂商对此积极资助，以推销其产品。

世界上最早的车赛是在1887年4月20日由法国《汽车》杂志社主办的，不过参赛的只有1个人，名叫乔尔基·布顿，他驾驶4座的蒸汽汽车从巴黎沿塞纳河畔跑到了努伊伊。1888年，法国《汽车》杂志社再次举办了车赛，路程为从努伊伊到贝尔塞，全长20km，结果驾驶迪温牌三轮汽车的布顿获得冠军，第二名也是最后一名为驾驶塞尔波罗蒸汽汽车的车手。

世界上最早使用汽油汽车进行的长距离汽车公路赛，是在1895年6月11日由法国汽车俱乐部和《鲁·普奇·杰鲁纳尔》报联合举办的，路程为从巴黎到波尔多往返，全程长达1178km。获得此次第一名的埃未尔·鲁瓦索尔共用48.75h，平均车速为24.55km/h。但由于比赛规定车上只许乘坐1人，而他的车上却乘坐2人而被取消了冠军的头衔。结果落后很多的凯弗林获得了冠军。此次比赛共有23辆车参赛，跑完全程的有8辆汽油汽车和1辆蒸汽汽车。

在以后的车赛中，为避免汽车在野外比赛时扬起漫天尘土而影响后面车手的视线，造成伤亡事故,车赛逐渐改为在封闭的赛场和跑道上进行,这就是汽车场地赛的雏形。

最早的汽车跑道赛于1896年在美国的普罗维登斯举行。为了吸引更多的人参加汽车比赛,使比赛更富有刺激性和挑战性,法国的勒芒市在1905年举行了第一次真正意义上的场地汽车大奖赛。从此汽车大奖赛成为世界体育舞台上一项非常重要的赛事,小城勒芒也因此闻名于世。

第二节 汽车运动种类

随着汽车运动的发展,汽车运动种类越来越多,主要有方程式汽车赛、勒芒24小时汽车赛、美国印第500英里汽车大奖赛、汽车拉力赛、汽车山地赛和卡丁车赛等。

一、方程式汽车赛

方程式汽车赛属于汽车场地赛的一种类型。首场汽车场地赛是1905年在法国举行的,当时以及以后相当长的时间内,人们对汽车赛没有做任何限制。比赛的输赢在很大程度上取决于汽车自身的性能,谁的发动机功率大,谁就有可能获胜。1950年,国际汽车运动联合会出于安全和汽车技术发展的需要,颁布了赛车规则,对汽车自身质量、外形尺寸、发动机功率、发动机排量等技术特性参数做出了一系列规定,使车赛更趋于公平,于是便有了"方程式"(Formula)的概念,该词既有方程式的意思,也有准则、方案的含义,联系到车赛,应把它理解为规则、级别更为合理,但人们对方程式汽车赛的叫法已经习惯了。

方程式汽车赛有3个级别:

(1)三级方程式(简称F3)发动机排量为2L,发动机功率为125kW;

(2)二级方程式(简称F2)发动机排量为3L,发动机功率为350kW;

(3)一级方程式(简称F1)发动机排量为3.5L,发动机功率为440~515kW。

其中,一级方程式汽车赛是方程式汽车赛中的最高级别。

1950年5月13日在英国的银石赛车场举行了第一次世界一级方程式汽车赛。自此以后,汽车比赛逐步成为一项全球范围内的规范性体育运动。

在20世纪50年代,一级方程式汽车大赛每年只举行7~9场比赛。20世纪70年代,每年一般举行15~17场比赛(从1977年起举行17场)。20世纪80年代开始,规定每年只举行16场比赛。比赛地点选择和时间安排由国际汽车联合会确定。

一支赛车队由三部分组成:赛车通常由世界著名的汽车公司研制,每支车队一般只派2辆赛车参赛;车手必须持有国际汽车联合会签发的《世界超级汽车驾驶员驾驶执照》才能获得上场比赛的资格,全世界拥有这种执照者每年不足100人。后勤人员均为一流的汽车维修人员,负责赛车的维修。

目前,世界上约有20多支实力雄厚的一级方程式汽车赛车队,大多属于英、法、意三国所有,著名车队有法拉利、迈凯轮(曾译为"麦克拉伦")、威廉姆斯等。

在一级方程式汽车赛的历史上,目前以巴西车手爱尔顿·塞纳创造的325.0km/h为车速最高纪录。

二、勒芒24小时世界汽车耐力锦标赛

勒芒位于法国巴黎西南约200km处,是个人口约20万的商业城市。由于1905年在勒芒举行了世界第一次汽车大奖赛,并且自1923年开始(1936年、1940—1948年除外),每年6月份都要在那里举行24小时汽车耐力锦标赛,使勒芒小城闻名于世。

勒芒赛车道为全长13.5km的环行道,在这样的跑道上需行驶24h。所谓耐力锦标赛,就是对汽车和赛车手的耐力的极限考验,人们称之为"车坛马拉松",这是一项十分艰苦的比赛。

勒芒大赛所以在世界上久负盛名,胜过美国印第500英里大赛或其他汽车大赛之处在于它的赛程长。一般的耐力赛只有500~1000km,而勒芒大赛约为5000km(这相当于从乌鲁木齐到北京铁路的长度)。

三、美国印第500英里汽车大奖赛

印第500英里汽车大奖赛是美国车坛最重要的赛事,奖金最高,现场观众最多,它是美国方程式汽车锦标赛中的一场,但它又是一场独立赛事,就像勒芒24小时大赛一样。

印第500英里大奖赛跑道为固定的椭圆跑道,跑道长4.02km,印第500英里大奖赛全程应跑200圈。

印第即印第安纳州。印第500英里大奖赛在印第安纳波利斯市举行。每年举行大赛时,都先由一辆先导车在前面慢速引导各参赛车沿赛场行驶一圈来熟悉场地。这辆先导车称为步行者。

四、汽车拉力赛

汽车拉力赛属于长距离比赛。汽车拉力赛的"拉力"来自英语 Rally,意思是集合。拉力赛是将参赛的汽车集合在一起进行比赛,然后再集合再比赛,反复进行,最后根据每辆赛车的总成绩排出名次,世界汽车拉力赛通常在世界各地确定若干站,最后一站比赛结束后,根据车手和车队各站比赛的总积分,排定年度冠军车手和冠军车。

正式的汽车拉力赛是在1911年举行的。

巴黎—达喀尔汽车拉力赛是世界行程最长的汽车拉力赛。由法国巴黎出发,乘船过地中海在利比亚登陆,在非洲干旱的沙漠、潮湿的热带雨林和各种崎岖路段比赛,途经10个国家,最后迂回到塞内加尔的达喀尔,行程约13000km,历时近20天。这一比赛行驶路线长,且选择路段比赛条件苛刻。如1994年,在13319km的赛程中,有21个特殊赛段共4684km,比赛非常艰苦,淘汰率超过一半,出发时124辆赛车,而到达终点的只有58辆。雪铁龙车队获得该届冠军。从1995年后,这一赛事的起止点经常变化,2008年因故取消,2009年移师南美。

五、汽车山地赛

汽车山地赛的路线是非封闭型的,赛程最长可达20km。道路选择在多山地区,一般为多弯道,经常有接近180°的急转弯。比赛起点在山脚下,道路不断向高延伸,终点比起点需

高出 100～1600m。

基于道路条件的限制,汽车山地赛的平均车速不超过 100～130km/h。为了安全起见,选手们一般都是单人比赛,即在前一名选手跑完全程以后,后面的选手才出发。

六、卡丁车赛

卡丁车赛使用的赛车是轻钢管结构车身,无车厢,采用100mL、115mL或250mL汽油机的四轮单座位微型车。卡丁车赛是一种场地比赛,赛车在曲折的环形路上比赛车速。

七、其他车赛

除上面介绍的汽车赛外,还有其他的车赛。

1.老爷车比赛

英国伦敦市每年都要举行一次老爷车比赛,参加这项比赛的都是过时的旧式汽车。各种各样的老式车同场参赛,吸引着众多观众到场助威,就连皇室成员也分乘时髦轿车前来观赏。令人忍俊不禁的是某些赛车需由人推行一段路之后才能发动起来。

澳门从 1979 年开始举办老爷车比赛,1983 年被国际汽车联合会列为正式比赛,每年举行一次。

兴起于1959年,每年举办一次的巴塞罗那老爷车比赛,自20世纪70年代后,对参赛车手提出了一个有趣的要求:凡参赛者都要按所驾汽车的年代风尚将自己打扮起来,并且为此专设了一项服装奖。这一规定大受爱好打扮的妇女们的欢迎。

2.汽车足球比赛

美国和德国等国家兴起一种新式足球运动。参赛的运动员不用脚踢球,而要开动甲壳虫一般的汽车追击足球,把足球撞进对方球门。这种比赛用的球比一般足球大,运动员都戴着防撞盔,车身周围也加有防护设施,以防相撞时发生意外。

3.滑稽汽车比赛

日本丰田汽车公司为了鼓励职工充分发挥自己创造性和想象力,经常举办各种奇特有趣的制作比赛,滑稽汽车表演赛就是其中之一。参赛作品要求是非实用的汽车。在历次比赛中,先后出现过"长腿蜘蛛式汽车""无转向盘汽车""无车轮汽车""能跳跃障碍的汽车""分体汽车"等。

4.毁车比赛

毁车比赛于 1947 年从美国兴起。比赛时共有 8 个队参加,每个队上场 4 辆旧的普通型轿车。比赛采取一次性淘汰制,三轮赛出冠军。规定要求,只要参赛两队各自所出的 4 辆汽车中,能够有一辆最先绕长 4000m 的跑道跑完 5 圈到达终点就算该队获胜。因此,在比赛一开始,参赛各队就要采取各种措施来阻止对手的车辆前进,甚至使其瘫痪,以保证自己队的车能通过终点。比赛过程中,险象环生,防不胜防,汽车被对手撞下跑道,甚至两败俱伤的现象司空见惯。到比赛结束时,赛场上大部分汽车被毁,剩下的一两辆勉强行驶,摇摇晃晃开到终点就算获胜。

为了取得比赛的胜利,各队的 4 名队员一般都有明确分工:一名队员作为奔跑手,任务是避开对手的围追堵截,尽快到达终点。一名队员作为阻挡手,不惜牺牲自己,也要千方百计地阻挡对方汽车,掩护奔跑手跑向终点。另外两名就是撞击手了,任务是一路横冲直撞,尽量多地毁坏对方的车辆。当然,在发生意外的情况下,相互之间的角色也可能转换。

第三节　汽车运动车手、赛车和车队

本节讲述自1950年以来,一级方程式汽车赛获得冠军的车手、赛车和车队。

一、一级方程式汽车赛世界冠军车手和赛车

1950—2014年一级方程式汽车赛世界冠军车手和获胜赛车见表6-1。获得七次世界冠军的有1人;获得五次世界冠军的有1人;获得四次世界冠军的有2人;获得三次世界冠军的有6人;获得两次世界冠军的有6人;获得一次世界冠军的有16人。

1950—2014年一级方程式汽车赛冠军车手和获胜赛车　　　　表6-1

年份(年)	车手姓名	车手国别	获胜赛车	赛车国别
1950	法连纳	意大利	阿尔法·罗密欧	意大利
1951	凡乔	阿根廷	阿尔法·罗密欧	意大利
1952	阿斯卡利	意大利	法拉利	意大利
1953	阿斯卡利	意大利	法拉利	意大利
1954	凡乔	阿根廷	奔驰/玛莎拉蒂	德国、意大利
1955	凡乔	阿根廷	奔驰	德国
1956	凡乔	阿根廷	改装的法拉利	意大利
1957	凡乔	阿根廷	玛莎拉蒂	意大利
1958	霍托恩	英国	温沃尔·法拉利	意大利
1959	布拉海姆	澳大利亚	库伯·克拉马斯	英国
1960	布拉海姆	澳大利亚	库伯·克拉马斯	英国
1961	P·希尔	美国	法拉利	意大利
1962	G·希尔	英国	BRM	英国
1963	克拉克	英国	莲花·克拉马斯	英国
1964	舒尔蒂斯	英国	法拉利	意大利
1965	克拉克	英国	莲花·克拉马斯	英国
1966	布拉海姆	澳大利亚	布拉海姆·列布科	英国
1967	荷尔梅	新西兰	布拉海姆·列布科	英国
1968	G·希尔	英国	莲花·福特	美国
1969	斯图尔特	英国	玛塔拉·福特	美国

续上表

年份(年)	车手姓名	车手国别	获胜赛车	赛车国别
1970	林特	奥地利	莲花·福特	美国
1971	斯图尔特	英国	泰利尔·福特	美国
1972	菲蒂鲍尔迪	巴西	莲花·福特	美国
1973	斯图尔特	英国	泰利尔·福特	美国
1974	菲蒂鲍尔迪	巴西	麦克拉伦·福特	美国
1975	尼克·劳达	奥地利	法拉利	意大利
1976	亨特	英国	麦克拉伦·福特	美国
1977	尼克·劳达	奥地利	法拉利	意大利
1978	安德拉蒂	美国	莲花·福特	美国
1979	舍克特尔	美国	法拉利	意大利
1980	琼斯	澳大利亚	威廉姆斯·福特	美国
1981	尼尔逊·皮盖特	巴西	布拉海姆·福特	美国
1982	科科·罗斯伯格	芬兰	威廉姆斯·福特	美国
1983	尼尔逊·皮盖特	巴西	布拉海姆·宝马	德国
1984	尼克·劳达	奥地利	麦克拉伦·保时捷	德国
1985	阿兰·普罗斯特	法国	麦克拉伦·保时捷	德国
1986	阿兰·普罗斯特	法国	麦克拉伦·保时捷	德国
1987	尼尔逊·皮盖特	巴西	威廉姆斯·本田	日本
1988	爱尔顿·塞纳	巴西	麦克拉伦·本田	日本
1989	阿兰·普罗斯特	法国	麦克拉伦·本田	日本
1990	爱尔顿·塞纳	巴西	麦克拉伦·本田	日本
1991	爱尔顿·塞纳	巴西	麦克拉伦·本田	日本
1992	尼格尔·曼塞尔	英国	威廉姆斯·雷诺	法国
1993	阿兰·普罗斯特	法国	威廉姆斯·雷诺	法国
1994	迈克尔·舒马赫	德国	贝纳通·福特	美国
1995	迈克尔·舒马赫	德国	贝纳通·雷诺	法国
1996	达蒙·希尔	英国	威廉姆斯·雷诺	法国
1997	雅克·维尔纽夫	加拿大	威廉姆斯·雷诺	法国
1998	米卡·哈基宁	芬兰	麦克拉伦·梅塞德斯	德国
1999	米卡·哈基宁	芬兰	麦克拉伦·梅塞德斯	德国

续上表

年份(年)	车手姓名	车手国别	获胜赛车	赛车国别
2000	迈克尔·舒马赫	德国	法拉利	意大利
2001	迈克尔·舒马赫	德国	法拉利	意大利
2002	迈克尔·舒马赫	德国	法拉利	意大利
2003	迈克尔·舒马赫	德国	法拉利	意大利
2004	迈克尔·舒马赫	德国	法拉利	意大利
2005	费尔南多·阿隆索	西班牙	雷诺	法国
2006	费尔南多·阿隆索	西班牙	雷诺	法国
2007	吉米·莱科宁	芬兰	法拉利	意大利
2008	汉密尔顿	英国	迈凯轮	意大利
2009	巴顿	英国	布朗GP	英国
2010	塞巴斯蒂安.维特尔	德国	红牛-雷诺	奥地利
2011	塞巴斯蒂安.维特尔	德国	红牛-雷诺	奥地利
2012	塞巴斯蒂安.维特尔	德国	红牛-雷诺	奥地利
2013	塞巴斯蒂安.维特尔	德国	红牛-雷诺	奥地利
2014	汉密尔顿	英国	梅赛德斯	德国
2015	汉密尔顿	英国	梅赛德斯	德国

1.七次世界冠军车手

获得七次世界冠军一级方程式汽车赛冠军车手是德国人迈克尔·舒马赫。他获得了1994年、1995年、2000年、2001年、2002年、2003年和2004年七次世界一级方程式汽车赛冠军。

2.五次世界冠军车手

获得五次世界冠军一级方程式汽车赛冠军车手是阿根廷人胡安·凡乔。他获得了1951年、1954年、1955年、1956年和1957年五次世界一级方程式汽车赛冠军。

3.四次世界冠军车手

获得四次世界一级方程式汽车赛冠军车手目前有2人。分别是:法国人阿兰·普罗斯特,他获得了1985年、1986年、1989年、1993年四次世界一级方程式汽车赛冠军;德国的塞巴斯蒂安·维特尔,他获得了2010年—2013年四届F1世界冠军。

4.三次世界冠军车手

获得三次世界一级方程式汽车赛冠军车手目前有6人。

(1)杰克·布拉海姆——澳大利亚人,获得了1959年、1960年、1966年三次冠军。

(2)杰克·斯图尔特——英国人,获得了1969年、1971年、1973年三次冠军。

(3)尼克·劳达——奥地利人,获得了1975年、1977年、1984年三次冠军。

(4)尼尔逊·皮盖特——巴西人,获得了1981年、1983年、1987年三次冠军。

(5)爱尔顿·塞纳——巴西人,获得了1988年、1990年、1991年三次冠军。

(6)汉密尔顿——英国人,获得了2008年、2014年、2015年三次冠军。

二、车坛明星

1. 迈克尔·舒马赫

迈克尔·舒马赫1969年1月3日出生于德国克尔班,到2004年已获得七次世界一级方程式汽车赛年度总冠军,独占一级方程式汽车赛冠军榜首席。

1991年舒马赫在乔丹车队首次参加了世界一级方程式汽车锦标赛。

1994年舒马赫在贝纳通车队迎来了职业生涯的第一个高峰,首次登上了世界一级方程式汽车锦标赛年度总冠军宝座,并于次年卫冕成功。

经过四年的低谷徘徊,舒马赫于2000年又获得世界一级方程式汽车锦标赛年度总冠军,法拉利车队也如愿获得盼望多年的车队冠军。

2001年舒马赫第四次获得世界一级方程式汽车锦标赛年度总冠军,与法国普罗斯特夺冠次数相同。

2002年舒马赫第五次获得世界一级方程式汽车锦标赛年度总冠军,从此阿根廷胡安·凡乔那个曾经遥不可及的纪录(五次冠军)变成了过去。

2003年,为了限制法拉利车队的优势,国际汽车联合会改变了世界一级方程式汽车锦标赛的积分规则和排位赛规则。舒马赫面对无情的挑战和母亲去世的悲痛,浴火重生,顽强地获得第六次世界一级方程式汽车锦标赛年度总冠军,打破了凡乔保持45年的五次冠军纪录。美梦成真,一代车神诞生了。

2004年10月24日,世界一级方程式汽车赛在巴西英哥拉斯赛道结束,舒马赫夺得2004年世界一级方程式赛车年度总冠军,创造了车手七次世界一级方程式汽车赛冠军的奇迹。

2. 胡安·凡乔

胡安·凡乔(1911—1995年)从20世纪30—20世纪50年代一直是活跃在赛车场上的一名伟大赛车手,获得五次世界一级方程式汽车赛年度总冠军。他是世界赛车史上一位传奇人物。

1911年,凡乔出身于阿根廷一个工厂主家庭,1934年进入赛车界。1950年,他代表阿尔法·罗密欧车队夺得世界一级方程式汽车赛年度总成绩第二名。1951年,他依旧驾驶阿尔法·罗密欧赛车,获得了世界一级方程式汽车赛年度总冠军。1954年,奔驰汽车公司决心参加一级方程式汽车赛,为取得好成绩,奔驰汽车公司请到了凡乔。这样,1954年、1955年两年凡乔驾驶着奔驰W196赛车夺得两个一级方程式汽车赛年度总冠军。1956年,他转入法拉利车队,并驾驶着新型法拉利赛车第四次夺取一级方程式汽车赛年度总冠军。1957年凡乔离开了法拉利车队,他没有再加入任何一家车队,而是以个人身份驾驶一辆玛沙拉蒂赛车参赛。在这一年的一级方程式汽车赛上,46岁高龄的凡乔写下了他在赛车生涯中最辉煌的一页。1957年8月4日在德国纽伦堡赛场内,凡乔在世界难度最大和最危险的赛车道上九次打破世界车赛单圈速度纪录,夺得他的第五次世界一级方程式汽车赛的年度总冠军。但在这次比赛中,赛车的座椅架折断,使他膝部受伤,这使凡乔在翌年退出赛车运动。

3. 阿兰·普罗斯特

阿兰·普罗斯特共夺得四次世界一级方程式汽车赛年度总冠军,在世界一汽方程式汽车赛的历史上目前居于第三位。

普罗斯特1955年出生于法国的圣日耳曼,早年以卡丁车赛起家。1980年加盟迈凯轮车队,开始了一级方程式汽车赛的历程。第二年他转入雷诺车队,就在这一年7月5日,夺得了一级方程式汽车赛分站冠军。他在雷诺车队效力的三年期间,成绩不断提高。1984年,普罗斯特又转入迈凯轮车队,这一年他仅以0.5分之差负于队友尼克·劳达。1985年,他如愿以偿,成为法国第一个世界一级方程式汽车赛年度总冠军。接着他在1986年、1989年又两度获得了一级方程式汽车赛年度总冠军。1993年,他加盟威廉姆斯车队,第四次获得了一级汽车方程式汽车赛年度总冠军。

退役后的普罗斯特没有离开汽车运动。1997年,他接受法国政府的邀请执掌法国唯一一家一级方程式汽车赛历基亚车队,因此,该车队也更名为普罗斯特车队。

4. 爱尔顿·塞纳

爱尔顿·塞纳(1960—1994年)被公认为是赛车史上最具有天赋的车手之一。

塞纳于1960年3月21日,出生在巴西圣保罗市一个富裕家庭,13岁就参加了卡丁车比赛。1984年,他加盟托勒马车队(即目前的贝纳通车队)。1985年,转入莲花车队。

1985年4月21日,葡萄牙埃斯托利赛车道因连日的大雨变得异常难行。普罗斯特、毕奇等车手退出比赛,然而塞纳驾驶赛车冒雨比赛,以绝对优势获得了一级方程式汽车赛分站赛冠军。因此,塞纳有"雨中塞纳"之称。

1988年,塞纳加盟于迈凯轮车队。同年,塞纳战胜队友普罗斯特夺得了一级方程式汽车赛年度总冠军。接着他又连夺1990年、1991年两次一级方程式汽车赛年度总冠军,成为第七位头顶"三顶王冠"的车手。当时人们认为,塞纳将成为打破凡乔创下的五次世界冠军车手纪录的第一人选。

1994年,塞纳转入了威廉姆斯车队,决心四次夺冠。然而,他于1994年5月1日在意大利举行的利伊莫拉圣马力诺分站比赛中殉难。

赛车界无不为失去一个天才车手而惋惜。凡乔悲痛地说:塞纳是最有希望打破我纪录的人。塞纳的遗体运回巴西后,巴西政府为他举行了国葬。

三、冠军车队

自1958起,世界一级方程式汽车赛设世界冠军车队。1958—2015年,一级方程式汽车赛共举办了58届,产生了15支冠军车队(见表6-2)。

1958—2015年世界一级方程式汽车赛冠军车队　　　　　表6-2

车　队	冠军总数	夺冠赛季	车　队	冠军总数	夺冠赛季
法拉利	16	1961,1964,1975,1976,1977,1979,1982,1983,1999,2000,2001,2002,2003,2004,2007,2008	迈凯伦	8	1974,1984,1985,1988,1989,1990,1991,1998
威廉姆斯	9	1980,1981,1986,1987,1992,1993,1994,1996,1997	莲花	7	1963,1965,1968,1970,1972,1973,1978

续上表

车 队	冠军总数	夺冠赛季	车 队	冠军总数	夺冠赛季
红牛	4	2010,2011,2012,2013	范沃尔		1958
库柏		1959,1960	BRM		1962
布拉汉姆	2	1966,1967	马特拉	1	1969
雷诺		2005,2006	泰瑞尔		1971
梅赛德斯		2014,2015	贝纳通		1995
			布朗		2009

第四节　汽车运动魅力

在赛车场,那些五彩缤纷的赛车,随着一声令下,竞相出发,开足马力冲向前方。车手们你追我赶的争先表演,赛车如万马奔腾、一泻而过的精彩场面非常壮观,这对二三十万的现场观众以及数以亿计的电视观众来说极富刺激性。

一、有助于改善汽车的性能

汽车赛有助于改善汽车的性能,尤其是它的动力性。汽车诞生百余年来,汽车技术得以不断发展的原因,在很大程度上是根据各式各样车赛所做的大量试验。赛车场是汽车技术创新的"试验田"。汽车赛可以作为试验汽车新构造、新材料等的最重要手段。在比赛中获胜的赛车往往就是制造厂日后生产新车型时参考的样板。20 世纪 50 年代,当日本汽车厂家决定加快汽车生产步伐时,首先选中的"基地"就是赛车场。20 世纪 60 年代,他们又将自己的赛车驶向了国际赛场,向车坛霸主欧、美赛车宣战,在屡败屡战中吸收了对手的优点,找到了自身的不足。通过改进,他们不仅在赛车场获得了一席之地,而且为了日本汽车工业的全面崛起奠定了坚实基础。

二、强化的道路试验

汽车赛实质上是一种强化的道路试验。它能够使汽车的所有零部件都处于最大应力状态下工作,将正常使用条件下几年之后才能出现的问题在短短的几小时之内就能暴露出来,节省了大量的时间。

三、动态车展

汽车赛可喻为动态车展。一级方程式汽车赛现在每年举行 16 场,分站赛场遍布全世界。赛车几乎总是先进技术的结晶。今天,在汽车大赛中推出的每一部新型赛车,几乎都代表着一家汽车公司甚至一个国家在汽车方面的最新技术水平。不仅如此,赛车还体现了普通汽车发展的方向。比较当代新型轿车与 20 世纪 30 年代初的赛车设计,不难发现它们之间有一些共同点,如较高的发动机转速、较大的压缩比、较小的汽车自身质量和流线的汽车外形等。从某种意义来说,赛车是汽车发展的先驱。最能代表赛车技术水平的一级方程式赛车,主要出自德国保时捷汽车公司、意大利法拉利汽车公司、美国福特汽车公司和日本本田汽车公司等多家汽车公司的精心杰作。福特汽车公司形象地把一级方程式汽车大赛称作高科技奥运会。在汽车大赛中推出的新型赛车,从设计到制造都凝聚着众多研制者的心血。据悉,在德国约有 2000 多名专业人才直接从事赛车的研究、设计和制造工作,美国约有 1 万人,日本约有 2 万人。正是这些专家,使赛车成为代表高新技术的精品。

四、最佳广告

汽车赛是生动真实的广告。一次组织得好的汽车赛,尤其是国际性高水平大赛能够吸引成千上万的观众(每年 16 场一级方程式大赛能够吸引 300 多万现场观众和 15 亿多电视观众)。在比赛中获胜的赛车和车队是汽车制造商和比赛赞助商的最佳广告宣传,可以促进产品销售,为企业带来巨大的经济利益。正因如此,许多车队才高薪争聘优秀的车手,大的实业公司才慷慨解囊赞助大型车赛。

五、促进汽车大众化

汽车赛促进了汽车大众化。除职业性汽车比赛外,世界各地的汽车爱好者们还自行组织进行一些小型的汽车比赛,这对汽车工业的发展有着另外一层意义。许多地方性的汽车俱乐部,联系着千万名汽车运动爱好者,其广泛性和群众性是汽车大赛所无法比拟的。地方汽车俱乐部组织的汽车赛招徕了大量参赛者和现场观众,通过比赛掀起了一阵阵汽车热,把众多的人吸引到汽车上,传播了汽车技术,扩大了汽车爱好者队伍,培育了潜在的汽车制造、使用、维修方面的人才和汽车市场。汽车赛使许多人成为汽车迷。

六、集人与车为一体的综合较量

汽车赛是集人与车为一体的综合较量。与通常的体育运动相比,汽车运动不仅是车手个人技艺、意志和胆量的竞争,还是汽车设计、产品质量的角逐,这种独具特色的双重性运动,更能体现人类精英与高新科技最完美的结合,体现人类对自然的征服能力。

汽车赛是车战、商战、金融战还是科技战?谁也无法说清。它那丰富而又复杂的内涵超过了世界上任何一项体育运动。总之,具有高科技产品的汽车公司做后盾,拥有雄厚经济实力的大企业集团的资助,再加之热心汽车运动的人们的积极参与,这就是汽车运动能够经久不衰的关键所在。

第七章 汽车花絮

在汽车诞生、发展和使用中，产生了许多有趣的故事。

第一节 汽车史传说

一、受冷遇的蒸汽汽车

世界上第一次工业革命是从蒸汽机的发明和实用而开始的。蒸汽机曾被试图用在最早期的汽车上，但这种外燃机由于固有的缺陷——笨重和迟钝，没能够使汽车走上实用和工业生产的道路。

1769 年，法国人尼古拉斯·古诺制成了世界第一辆蒸汽汽车，在试车中撞到般圣奴兵工厂的墙上，被完全损坏（见图 7-1）。

19 世纪中叶是蒸汽汽车的"黄金时代"，其车速最高已达 55km/h。起初，英国的蒸汽汽车发展的最快，欧美其他各国也紧随其后。

蒸汽汽车发展引起了马车商人的不满。因为蒸汽汽车比马车拉得多，跑得快，大有取代马车之势，所以马车商人对蒸汽汽车都采取仇视态度。

图 7-1 世界上第一起交通事故

那时候，欧洲各国马车公司的势力都很大，对政府政策的制定起着举足轻重的作用，因此，政府官员也不支持蒸汽汽车。加之蒸汽汽车刚刚诞生，锅炉爆炸事故和车祸不断，许多人把蒸汽汽车视为"魔鬼"。

英国于 1861 年颁布了"红旗法"，不仅规定在市区、郊区行驶的蒸汽汽车限速，还规定在蒸汽汽车前方的 55m 处要有一个乘务员手持红旗，以使行人知道将有"危险之物"接近。同时，严禁驾驶员鸣笛，以免惊吓马匹。与马车狭路相逢时，要为马车让路。不久英国的蒸汽公共汽车便销声匿迹，在汽车发展史上结束了英国先行的时代。随后，马车又兴旺起来。但是，历史证明：马车阻挡不了汽车的发展。

二、女人和孩子的试车壮举

汽车诞生百年庆典时，在展览大厅挂着本茨之妻贝尔塔·本茨的画像。她是世界第一位女汽车驾驶员，是第一位试车员，特别是女试车员。

本茨的第一辆汽车因常出故障而遭到人们嘲笑。当时还没有飞机，汽车也被视为恶魔。在关键时刻是他的妻子支持了他。1888 年 8 月，贝尔塔和两个儿子驾驶本茨的第一辆三轮汽车去她的娘家法尔茨,踏上了试车之行。一路上汽车常出现故障,她都排除了,完成了世界首辆汽车的试车。

三、梅塞德斯·奔驰车名的由来

奔驰轿车的全称为梅塞德斯·奔驰(Mercedes Benz)。

梅塞德斯是法国一位女孩的名字。1899 年 3 月 21 日,在法国著名的地中海海滨城市尼斯举行了汽车大奖赛,一辆车头上标有 Mercedes 的戴姆勒汽车获得了头奖。车主是著名的汽车爱好者艾米尔·耶利内克,梅塞德斯是他当时 10 岁女儿的名字。

1901 年,耶利内克和戴姆勒汽车公司达成协议,取得在法国、比利时、奥匈帝国和美国独家销售戴姆勒汽车公司汽车的权利,并用梅塞德斯为他定购的汽车命名。从此,梅塞德斯成了戴姆勒轿车的车名。戴姆勒汽车公司和奔驰汽车公司合并后,生产的轿车叫梅塞德斯·奔驰。

梅塞德斯在法语中有幸福的意思。梅塞德斯为汽车带来美好名字和前程。

四、慈禧太后把汽车打入冷宫

1902 年,袁世凯从国外进口了第一辆汽车,供慈禧太后使用。当时中国没有会驾驶汽车的人,慈禧下令招募汽车驾驶员。当时共有 11 人应试,其中给皇亲国戚赶马车的孙富龄被慈禧选中。

孙富龄是北京市大兴区哈德门人,因聪明好学,能随机应变,在皇亲佣人中,很受慈禧的赏识。孙富龄驾驶汽车后,朝中有一批王公大臣,联名上奏章道"历朝帝王,未闻有轻以万乘之尊,托之彼风驰电掣之汽车者……"这些王公大臣生怕翻车送了慈禧的性命。

可是,慈禧一心要以坐洋车兜风为乐。一天,孙富龄将汽车从颐和园长桥开到万寿山下,慈禧望着坐在她前面的驾驶员,忽然想,她的地位至高无上,达官贵人莫不跪拜在她的面前,而眼前开车的奴才,竟傲然地坐在她前面,成何体统。慈禧傲慢地问:"你知道你是给谁开车吗?""给至高无上的慈禧太后开车。"孙富龄惊恐回答。慈禧又说:"你得跪着开车!"孙富龄立即下跪,不敢不从。但他手握转向盘,不能代替脚踩加速踏板,汽车开不走,吓得孙富龄出了一身冷汗。他脑子一转,跪拜道:"启禀老佛爷,车子坏了。"从此,这辆汽车一直停放在颐和园中。

孙富龄一家惧怕慈禧降罪,赶着马车,借浓雾掩护,仓皇逃出北京……

孙富龄是我国第一个汽车驾驶员,也是世界上唯一跪着开车的汽车驾驶员。

第二节 汽车分类续谈

我们常能听到例如老爷车、迷你车、的士车、轿车、巴士车、皮卡车、跑车、防弹车和概念车等在内的一些汽车分类名称。

一、老爷车

汽车诞生之初,人们对汽车仅仅是"自动"这样一个简单的要求,而随着汽车越来越多地渗透到人们的生活,汽车也融入了更多的艺术造型。20 世纪 20 年代到 20 世纪 40 年代,出现了一种外观和内饰都很精致、豪华的汽车,而驾驶这种昂贵的汽车则是车主身份和地位的象征。人们为这种车取名为"老爷车"。老爷车以其优良的设计,高工艺标准和制作,获得了人们的青睐。精致、雅典、豪华,加以丰富的历史文化背景,使老爷车车展、老爷车车赛非常兴旺。

图7-2为1935年制造的梅塞德斯·奔驰770型轿车,希特勒曾将该车型改装成770K型,具有防弹、防雷的性能,成为希特勒的坐骑。

美国收藏家罗斯早在20世纪50年代开始购藏汽车,藏品涵盖了几代汽车产品,甚至有第二次世界大战前的汽车。在罗斯的藏品中最为精致的一辆汽车当数1927年生产的Bugatt。这辆蓝色小型汽车外观小巧玲珑,让人回味无

图7-2　1935年制造的梅塞德斯·奔驰770型轿车

穷。该车拥有8个气缸,发动机排量为2.3L,车速可达209km/h。一位法国赛车手驾驶后赞叹道,这是他所见到的最纯正的赛车之一。这辆赛车也因在服役期间赢过多项赛事而使它身价倍增,最后以100万美元被人买走。

在我国南京市东郊的美龄宫里,从1992年开始向游客们展示一辆20世纪30年代的黑色龟壳老爷车,车头上有醒目的飞机商标,蓝色车牌的编号是"军00385"。这是美国通用汽车公司的早期产品——别克轿车,是蒋介石和宋美龄的专用车。该车的参观者已经过百万。有时,人们甚至还可以在南京宽阔平坦的道路上一睹它的风采。原来,这辆别克轿车经常参加影视剧的拍摄工作,已经成为解放战争时期题材影视剧的明星道具。美国通用汽车公司曾派人到南京,提出用一辆价值百万美元最新款式别克轿车换回这辆别克老爷车,然而并未成功。这辆具有历史价值、名牌价值、鉴赏价值、收藏价值的别克老爷车,现在仍陈列在美龄宫内供中外游客参观。

二、迷你车

迷你(MINI)车是指车身短、外形小、百公里油耗在3.5L以下的微型轿车。

图7-3　1959年产的迷你汽车

1956年苏伊士危机爆发,欧洲各国石油价格猛涨。在严峻的经济形势下,原英国汽车公司(即BMC,陆虎汽车公司的前身)决定设计一种燃料经济性好的微型轿车,以满足广大普通民众的需求。阿历克·埃斯戈尼斯大胆地选择了新的设计方案——汽车布置形式为发动机前置、前轮驱动。

1959年,迷你汽车问世(见图7-3),在市场上很受欢迎,累积生产量为530多万辆。在研究汽车产品中,常将风靡全球的迷你汽车称为"汽车工业技术史上的第五座里程碑"。

三、的士车

1907年初春的一个夜晚,富家子弟亚伦偕同女友去纽约百老汇看歌剧。散场时,他去叫

马车,车夫竟漫天要价,开出比平时高 10 倍的车钱,两人发生争执,然而亚伦不是马车夫的对手,被打倒在地,伤得很重。被激怒的亚伦发誓:有朝一日定要砸碎马车夫的饭碗。

亚伦伤好后买了一辆轿车,为报复马车夫,想用汽车挤垮马车。亚伦知道在法国有一种根据路程计算出马车费的装置,叫"Taximeter"(计程器)。"Taxi"是法文,源自拉丁文,是收费的意思。后来亚伦请了一个修理钟表的朋友设计了一个计程仪表,并给出租汽车起名为"Taxi Car",而且把"TAXI"标在车身上。1907 年 10 月 1 日,亚伦的出租汽车营运典礼揭幕。24 辆漆成浅黄色、中间加一道灰线的出租汽车成为众人注目的焦点。后来,亚伦吸收不少马车夫当驾驶员。由于出租汽车不断增多,且优越性大大超过马车,汽车最终击败了马车。

为了复仇,亚伦意外地开创了出租汽车这一行业。这就是现在全世界通用的"Taxi"(的士)的来历。

四、轿车

国外,把轿车称作小客车。小客车来自德国,德文是 Wagen,英文是 Car 或 Sedan,我国译为轿车。这和我国长期受封建社会的影响有关。当时,当官有钱有势的人坐在别人抬的轿子里,早期的厢式小客车与我国的轿子相似,于是轿车的叫法延续至今。

五、巴士车

巴士(Bus)车,即公共汽车。巴士最早是公共马车的名字,最早出现于 19 世纪初的巴黎。巴士源于拉丁语"奥姆尼巴士"(Omni Bus),是"为了大家"的意思。

1823 年,巴黎一位名叫斯塔尼拉斯·鲍德雷的商人,重新开创公共马车事业,用于接送客人到温泉洗澡。他的马车在途中可随时上下车,车费比别的马车便宜,发车准时,非常受欢迎,事业不断扩大。后来鲍德雷想给自己的马车起个让人一听便知的动人名字。这时他注意到了一家店门前写着"奥姆努的奥姆尼巴士"的招牌,而"奥姆尼巴士"含有"为了大家"的含义,非常适合他的公共马车事业,于是就选择了"奥姆尼巴士"这个名字,后来简化为"巴士"。它就理所当然地成为后来淘汰了公共马车的公共汽车的名字。

六、皮卡车

皮卡是英文"Pickup"的中文译音,意为小吨位的载货汽车。这类汽车在汽车分类中不是标准术语,泛指那些发动机前置,额定装载质量在 1t 以下,具有轿车、载货汽车以及越野汽车多重属性的小型汽车。

七、跑车

跑车也称运动车,它是人们用来游玩、追求刺激、享受驾车乐趣的特殊轿车。

跑车主要有两个特征。一是追求高车速,发动机的功率高,转矩大;同时对汽车的操纵稳定性、制动性也要求很高。二是汽车外形设计要奇特、美观、有"跑味"。所谓"跑味"就是有前冲的气势,流线形体感强烈。

跑车的特殊性决定了它要高于普通轿车,跑车是轿车中的精品,因此要求有更高的设计水平和制造技术。汽车厂家之间的竞争往往通过设计、制造跑车来显示实力和水平,著名的汽车公司都先后推出了跑车的代表作,显示着公司的荣耀。世界上各个时代的跑车,尤其是人们喜爱的佳作,无不显示着设计大师的高超智慧,体现着他们的个性和对车身设计的深刻理解。充满着个性和创意成功的跑车设计,不断丰富着人类这一杰出的艺术宝库。

图 7-4　法拉利跑车

图 7-4 为法拉利汽车公司制造的法拉利跑车。

八、防弹车

防弹车是装有防弹钢板、防弹玻璃、防弹轮胎等,在受到袭击时仍然能继续行驶的汽车。

大部分国家元首的汽车都是防弹的名牌轿车。美国总统用车多为林肯牌轿车,也有用凯迪拉克牌轿车的。1923—1924 年,美国总统卡尔文·柯立芝把林肯轿车作为他的坐骑,这是美国第一个拥有林肯轿车的总统。1961 年,林肯·大陆轿车经多次改装后成为具有相当完善的防弹设施、顶篷可拆卸的防弹车(见图 7-5)。1963 年肯尼迪总统乘坐时遇刺。老布什任总统期间的用车是 1989 年的林肯·城市防弹车(见图 7-6),车身、玻璃、轮胎、油箱均能防弹,该型轿车自身质量为 9.5t。

图 7-5　林肯·大陆防弹车(1961)

图 7-6　林肯·城市防弹车(1989)

九、概念车

所谓概念车,就是尚未进入市场的一种设计独特、具有相当超前设计的新车型。能称为概念车的,必须给人以启迪,且能引导新观念的汽车。也许它刚设计出来时,人们的欣赏观念、消费能力还难以承受,但它前卫新潮的外观,以及车身用材、性能发展和车内装饰的大胆设计等,往往预示着一场汽车工业革命的到来。

需要指出的是,并不是每辆概念车都会进入市场,大多数概念车最终也只是个概念。尽管如此,从汽车工业发展意义上看,概念车仍是冲破现实、开创明天的一种物质文化实体。

图 7-7 为鲨鱼形概念车。该车犹如畅游在大海中的鲨鱼,充满自然的合理形态和动感。

图 7-7　鲨鱼形概念车(Corvette Mako Shark Ⅱ,1963)

图 7-8 所示的雷诺·朱姆(Renault Zoom)概念车是一种城市电动汽车,它的设计目标是城市居民的一种多用途汽车,满足市内两人乘坐,并使其占据的停车空间更小。该车轴距可变,缩短后便于停车。左图是缩短轴距,并打开所有车门的朱姆车;右图是正常行驶状态下的朱姆车。

图 7-8 雷诺·朱姆概念车(Renault Zoom Concept,1992)

第三节 汽车命名典故

给汽车命名是一项点石成金的智慧性工作,不仅关系到汽车形象的塑造,而且也意味着汽车商战的胜败。

一、汽车命名原则

汽车命名应有名有形,以便于呼叫和记忆。奔驰、雪铁龙不仅读起来朗朗上口,而且用词也显得铿锵有力。

1.汽车命名具有个性

汽车命名需具有独特个性,车名的特色使消费者能够从众多的汽车名称中做出有效的识别。如果某种新车型采用了与别车类似的名称命名的话,那么,它在推向市场以后恐怕就很难被消费者区分开来,甚至以假乱真,从而影响销售。例如:野马、烈马、战马、奔马、小马、天马等。如此之多的马牌汽车在同一时期同一地域销售的话,会引起名称上的混乱。

2.汽车命名具有内涵

汽车命名需具有文化韵味的深刻内涵。所谓文化韵味,是指汽车名称不仅要成为一个听觉信号、视觉图形,而且还要给人们以艺术上的享受。这样,既可美化人们的生活,又能使你的汽车平添三分魅力。另外,许多厂家在将自己的产品推向市场时,也希望车名和车标含有吉祥、珍贵之寓意。作为丰田汽车公司的第一代豪华轿车,“雷克萨斯”一名是丰田人花了3.5 万美元请美国的一家取名公司命名的。以此命名,原因在于丰田汽车公司生产该车型的主要目的在于出口欧美,参加世界上最大豪华轿车市场的角逐,与通用、福特、宝马、戴姆勒·奔驰等老牌豪华轿车生产厂家一决雌雄,借以改变丰田汽车公司只能生产中低档轿车的印象。因此,当美国的取名公司将 5 个备选名称提供给丰田汽车公司以后,决策者们选中了读音与英文“豪华”(Luxe)一词相近的“雷克萨斯”(Lexus)。“凯迪拉克”本是法国贵族、探险家、底特律城创建者的名字。凯迪拉克汽车部将自己的高级豪华轿车以他的名字予以命名,既是表示对他的敬意和纪念,也寓意着凯迪拉克汽车部作为汽车业的先驱者,与凯迪拉克建立底特律城具有同样重要的意义。

二、汽车译名方法

当一种牌号的汽车准备出口时,一定要选择另一种或几种语音的翻译名称。从某种意义上来说,这不亚于对汽车的命名,在汽车命名时没有考虑各国语言文化的差异,待出口遭遇挫折时再起个外国名也常有其事。

翻译家严复先生说过:翻译的标准是信(忠实于原文)、达(通顺畅达)、雅(有文化和美感)。基于这一原则,汽车出口商或进口商应该认真对待汽车的译名,在另一语言文化中创造出形神兼备的称谓。

汽车译名的方法有意译、音译、音意译结合三种。

1. 意译

皇冠(Crown)、野马(Mustang)、领航者(Navigator)等属于意译,它们不仅字数少,朗朗上口,而且揭示了车名文化韵味的内涵。

2. 音译

有时无法采用意译就得采用音译。音译也有许多优秀作品:迈巴赫(Maybach)、兰博基尼(Lamborghini)、菲亚特(Fiat)、雷诺(Renault)、桑塔纳(Santana)、雪佛兰(Chevrolet)等就是成功的例证。

3. 音意译结合

有时音意结合的译名会创造出更响亮的车名。奔驰(Benz)、捷豹(Jaguar)、保时捷(Porsche)、标致(Peugeot)就是这方面的典范。显然,这种译法要比单纯的音译好听也有意义得多。

"奔驰"是音译和意译结合的佳作。看到"奔驰"两个中文字,会立刻在脑海中浮现出一辆风驰电掣的"奔驰"牌轿车,真可谓"奔"腾飞跃,"驰"骋千里。

三、浓缩人类文化的车名

汽车命名题材包罗万象,集中地反映了人类文化。

1. 以人命名

汽车工业早期,一些汽车公司都是以创建者的名字命名。历经沧桑之后,创造出了名车,名人名车相辉映。汽车以公司创始人命名的如:福特、克莱斯勒、劳斯莱斯、保时捷、法拉利等。林肯、凯迪拉克、梅塞德斯等人的名字也为汽车带来了辉煌。

2. 以山河命名

美好的河山为人们欣赏,名河名山自然是汽车命名的对象,如桑塔纳、太脱拉、日古利、泰山、井冈山、伏尔加、卡马兹、黄河、松花江等。

3. 以动物命名

动物充满活力,动物象征空间。以动物的名字给汽车命名是汽车厂商的通常爱好,马、虎、豹、狮子、鹰就都被采用过。例如:通用汽车公司的凤凰、火鸟、天鹰、云雀;福特汽车公司的烈马、猎鹰、野马、彪马、雷鸟、眼镜蛇等;原美国汽车公司的鹰;日产公司的猎豹、脱兔、羚羊;三菱公司的奔马;德国大众的甲壳虫;意大利菲亚特的熊猫;阿尔法·罗密欧的蜘蛛;英国陆虎公司的杜鹿;英国捷豹汽车公司的捷豹等。

4. 以历史背景命名

我国早期的汽车车名多带有时代特征。我国第一辆载货汽车是随旧中国的解放而诞生的,毛主席给车命名解放;红旗轿车诞生在红旗飘飘的年代;南京第一汽车制造厂的第一辆轻型载货汽车诞生于1958—1960年期间,车名取为跃进。"东风"本出自于古诗,毛主席关于东风与西风的论断,使东风具有历史背景。中国第二汽车制造厂,正好诞生于东风浩荡的时代,它生产的汽车被顺理成章地命名为东风。唐代有"东风变梅柳,万江生春光"的佳句,显然把东风视于春风,赋予它温暖、能使草木萌芽、万物生长的神奇功能。中国人心目中的东风是温暖、有活力的象征。

5. 以神话命名

神话是历史的序幕,是文学艺术不竭的源泉。汽车命名对希腊神话故事中诸神尤为青睐。泰坦(Titan)是希腊神话故事中的大力神,马自达汽车公司生产的一种轻型载货汽车名为大力神。丰田汽车公司生产的一种轻型载货汽车名为戴娜(Dyna),是希腊神话故事中的月亮女神名字。

还有些汽车公司是从幻想、体育等角度给汽车命名的。例如:鬼怪、险路、短跑家等。

第四节　道路交通管理趣事

一、右行左行,自有其缘

18世纪前,欧洲大陆上军队在路上相遇时,就有靠右边行走的规定。因为当时欧洲的军人都是左手持盾牌,右手执矛或剑,实行右侧通行,双方可以在持盾牌的一边走过,避免冲突或误伤。

美国要求车辆在对面来车时靠右侧行驶的法律是由宾夕法尼亚州立法机关在1792年颁布的,它规定此法适用于从兰开斯特到费城的征税公路。美国第一部规定州内所有车辆都必须靠右侧行驶的法律是由纽约州在1804年颁布的,随后新泽西州也在1813年颁布了同样的法律。由此开始,奠定和发展了后来的美国右侧行驶的交通法规。美国最早制造的汽车的转向盘就安装在左前座前方,因为福特坚决反对将他著名的T形车的转向盘放在右边。到1915年,美国的汽车制造厂大都效仿了。

英国人一直都保持左侧行驶的规定,因为英国在18世纪和19世纪时载货马车要比其他马车小,而且赶车人在车前拥有一个座位。这样,驾车人就能用右手挥鞭而不致影响后面的货物。若遇对方来车,驾车人就自然靠左行驶。英国的左侧行驶制,在18世纪以前一直未写入法律。最早有关这方面的法令,颁布于1756年,它是和伦敦桥相关联的。那一年,伦敦桥扩建,来自两个方向的驾车人都奉命靠左侧行驶。

我国车辆靠右行驶早在唐代就已经施行。根据《隋唐嘉话》记载:"中书令马周,所陈世事,莫不施行……以鼓城门入由左,出由右皆周法也。"鸦片战争后,我国受列强多次侵略,道路交通规则也受到了英、日等国的影响。1946年前,我国的汽车和各种人力车、畜力车较长时期实行了靠左侧行驶。抗日战争时期,日本侵略者对我国实行封锁,进口汽车无几,原有的汽车也逐渐减少。抗战胜利后,美式汽车大量进口,其转向盘和灯光安置均适用于美国车辆靠右行驶的习惯。因而当时的国民政府军事委员会战时运输管理局做出决定,自1946年1月1日零时起,全国一律实行车辆靠右行驶。新中国成立以后沿袭了车辆右行制。

目前实行右行制的国家有美国、中国、俄罗斯、德国、法国、加拿大、古巴等,实行左行制的国家有英国、日本、泰国、印度、印度尼西亚、巴基斯坦等。

二、马路的由来

马路并非起源于中国,而是来自法国。

马路,全称叫马克丹路,马字是外来名词的音译的简称,而不是指汉语中牲畜意义的马。当商品经济在法国还处于萌芽的时候,来往于巴黎、里昂的车辆日渐增多,而道路坑洼难行,下雨更是泥泞不堪。法国工程师皮尔·马克丹对道路进行了改造,他把路面由水平改为拱形,并用沙石加固,两边开挖排水沟,从而开创了现代公路的雏形。

为了纪念这位发明人,法国就把修有排水系统的拱形公路称为马克丹路,而且很快被许多国家推广。后来马克丹路被简称为马路。

三、形形色色的路标

道路交通标志(简称路标)是用图形符号、文字向驾驶人和行人传递法定信息,用以管制、警告和引导交通的安全设施。形状、颜色、字符是路标的三要素。

早在公元前2680年,中国在黄帝时代就规定设置计里堆来标计里程。魏文帝用铜表计里,于每一里设一铜表,长2尺,以志里数。后人即为石刻。罗马帝国于公元前250年在罗马到加普亚军用大道上使用了里程碑和指路碑。1903年,法国巴黎的街道出现了较具体的道路标志,为正方形、黑底白图。1908年,在巴黎召开的首届国际道路委员会会议上,最早提出尝试促进国家间交通标志统一化。自1926年以后,欧、美和非洲国家都提出了地区性的交通标志统一协定。1949年,联合国交通运输委员会首先提出交通标志的国际化。1952年,提出"道路标志及信号相关议定书",有68个参加国签字,于1953年起生效。直到1968年联合国在奥地利首都维也纳召开道路交通会议,通过了"道路标志与信号条约",为道路交通标志逐步走向国际统一奠定了基础。

20世纪50年代我国规定的道路交通标志只有34种,《道路交通标志和标线》(GB 5768—1986)中共规定了148个交通标志,《道路交通标志和标线》(GB 5768—1999)中共规定了320个交通标志。

当然也有不少国家除了采用国际通用的路标之外,还根据本国具体情况,制定了各种各样富有地方特色的路标。如在法国、匈牙利、波兰的乡村公路上,竖立着绘有鸡鸭或飞鸟标志的路标,以保护家禽和野生动物。为了保护被称作农作物卫士的青蛙,防止车辆压死它们,捷克和瑞士在市郊和乡村公路上,都设置了青蛙路标。在德国的卡塞尔市,凡是车辆禁止通行的街道入口处,都立有一块脚印路标,路标上画着两只赤足的印迹,人们一见这样的路标就知道,这条街是步行街,不准车辆驶入。美国有一种路标,画面上是一张英俊的脸,受伤后满脸伤疤,十分丑陋,下面还写着"每个酒后开车的人都会死的"。美国的高速公路上,诙谐幽默的路标比比皆是:"你的妻儿等你平安回家!""你的妻子付得起丧葬费吗?"有的路边还别出心裁地筑起高台,台上放着一辆因肇事而摔扁的汽车,标牌上写着"这里已摔死了四个人,你想做第五个吗?"

四、红绿灯演绎

据有关交通史料记载,交通信号灯(日常中称红绿灯)的发展大致经历了三个阶段。

第一阶段为 19 世纪 60 年代至 20 世纪 20 年代的人工交通信号灯阶段。世界上第一盏交通信号灯最早应用于铁路线上。1868 年,英国机械工程师纳伊特把它应用于道路交通上,于是英国伦敦布里奇大街和新帕雷斯广场交叉路口的铸铁柱上,6.6m 高处便出现了由红色和绿色的旋转方形玻璃提灯组成、以煤气为燃料的交通信号灯,从此拉开了交通信号灯走进人们生活的序幕。该灯于同年 12 月 10 日正式投入使用,由人工操纵变换颜色,红色表示"停止",绿色表示"注意",主要是为了方便到国会大厦上班的议员们安全出行。该灯在使用过程中,由于一次煤气爆炸事故致使一名在附近执勤的警察当场丧生,从此交通信号灯几乎销声匿迹了几十年。直到 19 世纪末期,爱迪生发明电灯,才为以电能为能源的红绿灯的诞生提供了前提条件。1914 年 8 月 5 日,世界上最早的电气交通信号灯出现在美国俄亥俄州克利布朗德大街上,使用红、绿两色信号,同时还有警告蜂鸣器。1918 年,底特律交通警察威廉·波茨发明了世界上第一盏人工操纵的电气照明"红、绿、黄"三色交通信号灯。从此,三色信号灯正式出现在美国纽约街道上。随后,该电气照明三色交通信号灯在英国、法国和日本等国家也相继被采用,成为世界各国和地区通用的道路交通灯光标志。我国最早使用交通信号灯是始于 1919 年 9 月在上海法租界设置的交通信号灯。

第二阶段为 20 世纪 20 年代中期至 20 世纪 50 年代的自动交通信号灯时期。1926 年,英国把安装在信号塔上的信号灯改成柱头式信号灯,这是世界上第一盏自动控制的交通信号灯,英国交通管理部门对它作了法律解释:红灯表示"禁行",绿灯表示"通过",黄灯表示"警告"。这种规定逐渐演绎成了世界各国的统一标准,并一直沿用至今。1930 年,美国科研工作者研制成功世界上第一台车辆感应式信号灯,随后被世界各国普遍采用。我国交通信号自动控制研究起步较晚,直到 1979 年才分别在北京、天津、上海等大城市安装了颜色变换、周期固定的交通信号灯,1981 年后则在大部分城市使用了车辆感应式信号灯。

第三阶段为 20 世纪 60 年代至今的电子计算机交通信号控制系统时代。1960 年,加拿大科技人员第一次把电子计算机应用于多伦多市区交通信号控制系统,这样就可以根据交通流量自动变换信号持续时间,使车辆和行人有序地安全通行。此后,发达国家又相继出现了能控制大范围的交通信号管理系统。我国交通管理部门则在 20 世纪 90 年代开始把计算机应用交通信号控制系统,加快了与世界现代化交通管理接轨的步伐。

五、汽车驾驶证轶闻

法国是世界上最早进行汽车驾驶考试和颁发驾驶证的国家。1892 年,法国政府颁布实施了《巴黎警察条例》,第一次在条例中规定了"凡年满 21 岁以上的成年人,已通过资格考试并获得驾驶证后,可以在公路上驾车行驶"。当时考试的内容涉及驾驶技术、发动机构造原理和维护技术等方面,所颁发的驾驶证上记录着所有者的姓名、车辆种类以及编号等,还贴有所有者照片,同时要求驾车人必须随身携带,以备检查。到 1898 年 10 月底,巴黎地区共有 1795 人获得了驾驶证。后来,美、英、德等国纷纷效仿法国,把驾驶考试和颁证纳入日常交通管理。

六、汽车牌照史趣

1. 德国最早的汽车牌照

德国慕尼黑警察局 1899 年 4 月 14 日给巴伊斯尔特发的汽车牌照是一块长方形金属牌,上面有个"1"字,这个牌照保存至今。

2. 美国最早的汽车牌照

1901 年,美国纽约州实施《纽约州汽车法规》,其中规定了汽车牌照。那时的汽车牌照是一块铝制圆盘,上面印有牌号,并有"纽约州汽车法规"字样。

3. 法国最早的汽车牌照

法国最早汽车牌照始于 1892 年,《巴黎警察条例》规定,所有汽车都必须挂上印有车主姓名、住址以及登记号码的金属牌照。

4. 英国最早的汽车牌照

1903 年圣诞节前登记的拉塞尔伯爵的纳维亚牌汽车,是英国挂上第一号牌照的汽车,并有 A 字样。

5. 中国最早的汽车牌照

1901 年后国外汽车陆续进入上海。上海房地产界巨商周湘云以高价购得的"001"号车牌成为中国最早的汽车牌照。

当时有一位英国籍医生要回国,便把他拥有的奔驰汽车转卖给了周湘云。周湘云买下这辆汽车后,就到上海工部局申请牌照,但工部局不知道汽车该归于何类,经过研究,决定暂时归在马车项下,每月付银洋 2 元。

到了 1911 年,进入上海的外国汽车逐渐多了起来,上海工部局这时才定出章程,决定给汽车发牌照。牌照的式样,私人车为黑底白字,每季度每辆车缴纳税金 15 两白银。章程颁布后,周湘云捷足先登,取得了"001"号车牌。然而,他为保住牌照却绞尽了脑汁。因为在那时,上海许多有财有势的人物都千方百计地想把这块中国第一号车牌弄到手。工部局的承办人不断受到财大气粗者的包围,被搞得焦头烂额。其中,英国籍犹太人哈同已拿到了中国第一号驾驶证,还想拿到第一号车牌,先同周湘云商量转让,周湘云不同意,哈同便恼羞成怒,声言要以武力抢夺。不久,工部局为了应付哈同的催逼,便想以周湘云违犯交通规则为借口将其车牌加以"吊销"收回。周湘云也使了一个绝招:干脆把"001"号奔驰汽车锁进车库不再露面,他自己另外又买了一辆奥斯汀汽车。这样,上海虽有"001"号车,却从此未见在路上跑。

七、国外处罚交通违章绝招

在美国,驾驶人超速或酒后驾车是道路交通事故的主要原因,但处以罚款等处罚效果甚微。后来,警方根据医生和教育专家的建议,对违章驾驶人实行心理疗法,让肇事者观看惨不忍睹的交通事故电影和交通事故中遇难者的尸体,或者把肇事者送到医院照料那些因交通事故住院的受害者。

在德国,警察一旦发现超速行驶的汽车,就将其拦住,让驾驶人把车停在路旁停车场,然后由警察用警车把驾驶人送到离城 10km 外的荒郊,让他步行返回。

法国巴黎的交通警察发现驾驶人违章驾车,便将汽车的一个轮子用锁锁上,违章者要到附近的警察所交付罚款后,才能开锁行车。

在巴西的圣保罗市,驾驶人一旦违章行驶,警察局立即派人将他带到幼儿园去接受幼儿教育。在这里,违章者将观看孩子们在画有街道、交通标志的地板上表演汽车游戏。在孩子们一丝不苟的表演面前,违章者内心会泛起深深的自责。

在日本东京以东 80km 处,有一所无设防监狱。监狱周围既没有高墙、电网和岗楼,也没有荷枪实弹的哨兵,只有一道 1.5m 高的铁丝网。这所监狱里面囚禁的都是违反交通法规的人。这里的犯人,主要进行交通规则和驾驶技术的再学习。狱中还有一座交通事故死者纪念碑,犯人每天都要着素衣衫在碑前鞠躬默哀,反复背诵"深感罪孽深重,定向社会赎罪"的誓言,以求忏悔。犯人平均监禁期为九个半月,出狱前,要经过严格的驾驶技术和交通规则考试,成绩优良者方能获释。

在俄罗斯,反酗酒法规定:驾驶人酒后驾车,若是初犯,取消 1～3 年驾驶资格;如果重犯,则要受到 3～5 年不许开车的处罚;对于那些因饮酒造成交通事故的驾驶人,分别给予 5 年以内不许开车、罚款、吊销驾车执照、剥夺终身驾驶权利等处罚。

在马来西亚,把酒后驾车者与他的妻子一起拘留,并令其妻教育自己的丈夫。

在澳大利亚,对饮酒驾驶人,如是初犯,罚款 10 万美元;如是重犯,就要判处 10 年有期徒刑。

第八章 汽车公害

汽车把人们带进现代生活,但随着汽车保有量的不断增加,也带来许多问题:

(1)汽车排放大量污染物,对大气环境造成严重污染;

(2)汽车噪声破坏了城市的安静,对人们的生活造成影响,对汽车驾驶人的健康和行车安全有直接危害;

(3)汽车电气设备产生的电磁波引起对无线电、电视广播和通信设备的干扰;

(4)道路交通事故经常发生,造成了大量的人身伤亡和财产损失;

(5)汽车消耗了大量的石油,加速了世界石油资源危机;

(6)城市道路交通阻塞严重,浪费了人们的时间,增加了油耗和排放污染。

环境、能源、安全、畅通已成为汽车技术和交通管理的四大课题。

第一节 汽车排放污染

一、汽车排放与大气污染

汽车排放污染物是指汽车排放物中污染环境的各种物质,主要有一氧化碳、碳氢化合物、氮氧化物和微粒物等。

汽车排放污染物生成和危害如下。

1. 一氧化碳

一氧化碳是供给发动机的混合气中的空气不足,燃烧不完全的产物。一氧化碳被人体吸收后,由于它与血红素结合的亲和力比氧大 210 倍,致使人体缺氧而引起头痛、头晕、呕吐等中毒症状,严重时会致人死亡。美国和日本的大气污染物中的一氧化碳有 95% ~ 99% 来自汽车。

2. 碳氢化合物

碳氢化合物是发动机燃烧不彻底所剩余的燃料分解出来的有害废气。它的成分非常复杂,包括多种烃类化合物。碳氢化合物还可从汽油机燃料供给系统溢出。美国和日本的大气污染物中的碳氢化合物有 60% ~ 90% 来自汽车。

碳氢化合物和氮氧化物在阳光紫外线作用下,发生光化学反应所产生的烟状物质,称为光化学烟雾。光化学烟雾对人体健康有严重危害,还会妨碍生物的正常生长。汽车排放污染物的危害就是从光化学烟物事件中引起人们注意的。

3. 氮氧化物

氮氧化物是二氧化氮等氮氧化物的总称,是发动机高温的产物。它对人体的影响为刺激眼睛、引起角膜炎、喘息症、肺气肿等,它还是形成光化学烟雾的成分。大气污染物中的氮氧化物约有 30% ~50% 来自汽车。

汽车排放污染物不仅直接危害人类,而且它对自然环境的破坏所造成的恶果是无法估量的。近半个世纪的事实证明,因为汽车排放污染物所造成的自然灾害,目前已危害到世界各大洲的许多国家。

二、光化学烟雾事件

世界上第一个受到光化学烟雾危害的城市是美国洛杉矶市。由于该市地处美国西海岸盆地,地形条件不利于空气流通,因而空气污染非常严重。1943 年 6—7 月间,洛杉矶上空笼罩着一层淡蓝色的烟雾,植物枯死,人们眼红喉肿,咳嗽不止,有 400 多人因此而被夺去生命。1951 年,洛杉矶市因光化学烟雾,致使蔬菜减产而损失 50 万美元。日本东京在 1970 年 7 月的一次光化学烟雾事件中,约有 6000 多人受影响,出现流泪、咳嗽、呼吸困难症状。

三、有铅汽油和无铅汽油

1921 年,美国的米奇利、凯特林和彼得发现在汽油中加入四乙基铅,可明显提高汽油的抗爆性,从而出现了有铅汽油。

我国从 1922 年开始使用添加四乙基铅的汽油。随着对汽车排放污染物控制的严格化,大多当代轿车都增加了三元催化转化器等净化装置,铅会使三元催化转化器中毒失效,而且随发动机排气排放的铅微粒是排放污染物。铅是一种对人体有害的剧毒物质,随尾气排放的铅粒子可进入人体和呼吸系统,主要影响神经系统,能使人狂躁,出现意识障碍。可见含铅汽油对环境及人类健康的危害是极大的。

20 世纪 70 年代末,世界上加入汽油中的铅每年多达 35 万 t,大气中铅总含量的 97% 是汽车排放的铅。人们认识到含铅汽油的危害后,多个国家开始限制含铅汽油的使用。日本、加拿大、美国分别在 1983、1990、1993 年禁止销售含铅汽油。我国也于 2000 年 1 月 1 日停止生产含铅汽油,并于 2000 年 7 月 1 日停止销售和使用含铅汽油。世界上大多数国家都在积极进行汽油无铅化,推广使用无铅化汽油。

四、汽车排放法规或标准

美国政府于 1955 年开始介入大气污染的控制。1959 年美国加州议会在健康与安全法规中增加了大气质量标准。为执行空气质量标准,1960 年成立了加州汽车污染控制局(简称 CMVCB),其职能为制定汽车排气和蒸发的有害排放物标准。第一个汽车排放法规是在 1963 年针对曲轴箱窜气提出的,接着加州汽车污染控制局在 1966 年提出汽车排放要求。1963 年,美国政府制定了《清洁空气法》,后来经常提出修正案,促进了加州和美联邦两大类汽车排放法规的严格化。

自 20 世纪 60 年代起,日本、欧洲等开始制定并逐步严格汽车排放法规。

我国是社会主义国家,保护人民健康是党和政府一项重要政策。环境保护已作为实现四个现代化的一项条件写入宪法。我国环境保护的基本方针是:"全面规划,合理布局,综合利用,化害为利,依靠群众大家动手,保护环境造福人民。"

1979 年公布的《中华人民共和国环境保护法》规定:"一切排烟装置、工业窑炉、机动车辆、船舶等都要采取有效的消烟除尘措施,有害气体的排放必须符合国家的规定。"1987年9月5日,第六届全国人民代表大会常务委员会第二十二次会议通过了《中华人民共和国大气污染防治法》。该法共六章,第三十条是对机动车船排放污染的规定。1995年8月29日对该法进行了第一次修订。

我国汽车排放标准始于1983年,然后又经历了1989年、1993年、1999年、2000年、2001年和2005年多次修订(或制定)。目前在用的标准为《点燃式发动机汽车排气污染物排放限值及测量方法(双怠速法及简易工况法)》(GB 18285—2005);《车用压燃式发动机和压燃式发动机汽车排气烟度排放限值及测量方法》(GB 3847—2005);《轻型汽车污染物排放限值及测量方法(中国Ⅲ、Ⅳ阶段)》(GB 18352.3—2005);《车用压燃式、气体燃料点燃式发动机与汽车排气污染物排放限值及测量方式(中国Ⅲ、Ⅳ、Ⅴ阶段)》(GB 17691—2005);《装用点燃式发动机重型汽车曲轴箱污染物排放限制及测量方法》(GB 11340—2005);《装用点燃式发动机重型汽车燃油蒸发污染物排放限制及测量方法(收集法)》(GB 14763—2005)。

第二节　汽车噪声公害

噪声是汽车的第二公害,交通噪声约占城市噪声的75%。

一、汽车噪声和噪声源

汽车噪声是指由汽车产生的不同频率、不同声强组合在一起而形成的杂乱的声音。

汽车噪声主要包括发动机噪声和轮胎噪声。此外,还有车身振动噪声、传动系噪声、制动器噪声和喇叭噪声等。

二、噪声表示

噪声用声压级表示,单位为分贝(dB)。把声强频率约为1000Hz所引起的最弱声音,即年轻人听觉开始的声音强度规定为零分贝。

噪声的定量表示必须注明噪声级。所谓噪声级,就是在选定的声压计修正电路下,对不同频率信号进行不同程度的衰减,使测量值接近人耳的感觉,分为A、B、C三级,所以完整的噪声单位应表示为dB(A)等。

三、噪声危害

汽车噪声一方面对在外界环境工作和生活的人们造成不良影响,另一方面对驾乘人员健康造成直接危害,特别是影响驾驶人的心理,从而影响行车安全。汽车噪声被称为安全行车的隐形杀手。

噪声会使人心情不安、烦躁、疲倦、工作效率下降。汽车的高噪声,会使驾驶人反应时间加长、影响视觉,从而影响驾驶人的行车安全。长期在噪声刺激下会造成心脏病、耳聋等疾病。

如果人们长期在95dB(A)的噪声环境里工作和生活,大约29%的人会丧失听力;即使噪声只有85dB(A),也会使大约10%的人听力下降。一般来讲,80dB(A)左右的噪声就会影响人的情绪,100dB(A)以上的噪声会产生生理性的不良影响。噪声还能使人们的视觉产生异常变化。人眼在 90dB(A)噪声作用下,眼睛区别光亮度的敏感性会降低,识别弱光反应时间延长。85~110dB(A)的噪声可使 40%的人瞳孔放大。112~120dB(A)的噪声会使人的眼睛从某一角度注视物体的运动速度变慢。

四、降噪措施

世界各国为降低汽车噪声采取了许多措施。

(1)制定汽车噪声限制法规。

(2)汽车制造厂针对噪声源在汽车设计制造中努力采取降噪措施。例如采用吸振、隔音技术,把高噪声的喇叭改装成低噪声喇叭等。

(3)汽车使用、维修中,严格执行汽车噪声限值和测量方法的国家标准。

(4)在噪声集中路段建立隔声板或隔声墙,在隔离带中种植植物。

(5)加强管理,例如在一些路段采取禁鸣喇叭措施。

五、汽车噪声标准

国外工业发达国家自 20 世纪 60 年代起就对机动车辆噪声给予了足够的重视,制定了许多法规和标准来控制。如联合国欧洲经济委员会(ECE)、欧洲经济共同体(EEC,现为欧盟 EU)、日本、美国等主要国家和地区,从 20 世纪 70 年代起,每 3~5 年就修订一次相关的法规或标准,各类车辆噪声的限值有了大幅度的降低。因此,促进了汽车降噪技术不断地深入研究和应用,减轻了汽车噪声的危害。

汽车加速噪声测量方法标准以 ISO(国际标准化组织)为权威标准。汽车噪声测量方法最早源于 1964 年制定的推荐性标准 ISO R362《声学——道路车辆噪声测量方法》,后经多次修订。

在世界上许多国家和地区所制定的机动车噪声标准中,ECE R51 和 ISO 362 具有较高的系统性和科学性。

我国机动车噪声标准于 1979 年发布:《机动车辆允许噪声》(GB 1495—1979)和《机动车辆噪声测量方法》(GB/T 1496—1979)。

为了适应形势发展的要求,国家环境保护总局于 1995 年下达了对 GB 1495—1979 和GB/T 1496—1979 两项国家标准进行修订的任务,并分别更名为:《汽车加速行驶车外噪声限值》和《汽车加速行驶车外噪声测量方法》。2002 年国家环境保护总局对这两个标准再次进行了修订,根据《中华人民共和国环境噪声污染防治法》,制定了《汽车加速行驶车外噪声限值及测量方法》(GB 1495—2002)。

第三节　道路交通事故

在汽车载着我们驶入新世纪的时候,也留下了一道长长的阴影——交通安全问题正日益困扰着我们。

美国著名学者乔治·威仑在他的经典著作《交通法院》中写道:"人们应该承认,交通管理已成为今天国家的最大问题之一。它比消防问题严重,因为每年由于交通事故死伤的人数比火灾更多,遭受的财产损失更大。它比犯罪问题严重,因为它与整个人类有关,不管是强者或弱者,富人或穷人,聪明人或愚蠢人,每一个男人、女人、小孩或者婴儿,只要他们在道路上或者在街上,每一分钟都有可能死于交通"。

法国一位学者指出:"汽车比战车凶残,战车只能在战争时在战场上才能杀伤敌人,它受时间、地点和对象的限制,而汽车则不管是何时、何地,不管是敌人还是朋友,只要是在道路上都有可能被行驶着的汽车轧死、撞伤的危险"。

世界各国都把交通事故视为"永无休止的交通战争"。2015年9月,出席联合国大会的国家元首们通过了具有重大历史意义的2030年可持续发展议程。新的可持续发展目标中的一项具体目标旨在到2020年时使全球道路交通事故造成的死伤人数减半。

一、道路交通安全状况

世界上有记载的第一次交通事故,是1899年9月在美国纽约市,汽车撞死在路上行走的一位名叫克丽丝的妇女。自那以后的100多年来,约有4000多万人死于汽车交通事故,是第一次世界大战死亡人数的两倍多(第一次世界大战死亡1600万人),超过第二次世界大战的死亡人数(第二次世界大战死亡3600万人)。同时致残的有5亿多人。

据世界卫生组织《道路安全全球现状报告2015》统计,2013年,约125万人在全世界的道路上因交通事故死亡,平均每天超过3400人,约每25秒死亡1人。世界道路上的死亡者中一半是最无保护的人,即骑摩托车者(23%)、行人(22%)和骑自行车者(4%)。道路交通伤害已成为15~29岁年龄组人群的首要死亡原因。

同时,每年有2000万~5000万人受伤或致残,这些人中绝大部分是行人、骑自行车者、老人和孩子等最弱势的道路使用者。除了引起悲伤和痛苦之外,道路交通车祸对受害者及家人、整个国家造成相当大的经济损失,在多数国家占其国民生产总值的1%~3%。

1. 美国

1999年,美国汽车保有量约为209百万辆,当年车祸死亡人数约为4万人。其中:轿车乘员死亡2.2万人;轻型汽车乘员死亡1万人;行人死亡5000人;摩托车乘员死亡2000人;骑自行车者(绝大多数是少年儿童)死亡800人;重型汽车乘员死亡700人;大客车乘员死亡20人。经过努力,道路交通死亡人数一度得到了较好的控制。但2017年2月,美国国家安全委员会(National Safety Council,简称NSC)发布的2016年美国交通事故伤亡人数统计报告称,2016年美国道路交通事故的死亡人数约为4万人。对比前几年的统计数据,2016年是自2007年以来美国道路交通事故死亡人数最多的一年,相比2014年猛涨14%。除此之外,2016年全美还有460万道路参与者因为各种交通安全事故重伤,带来的社会经济损失高达3302亿美元。

2. 日本

与其他国家相比,日本的道路交通管理较好,交通事故较少。1998年日本机动车保有量为7081.4万辆,发生交通事故80.4万起,受伤人数为99.1万人,死亡人数9211人(比1997年减少429人,减少4.5%),万车死亡率为1.3人/万车。由于采取了一系列道路交通安全管理及技术措施,事故率及道路交通事故死亡人数得到控制。

2015年日本机动车保有量为7740.4万辆,由于交通事故导致死亡的人数为4117人,比

2014年增加4人,这是时隔15年以来首次增加。其中,老龄人数比例占历年最高,65岁以上老年人的死亡人数为2247人,比2014年增加54人,其比例连续四年上升。

3. 中国

我国是世界上交通事故发生最严重的国家之一。从1990年到2007年我国道路交通事故死亡人数为145.44万多人。2004年至2015年我国机动车驾驶人数量从0.75亿人增长到3.27亿人,同期全国道路交通事故从51.8万起下降到18.8万起,死亡人数从10.7万人下降到5.8万人。

1986年到2015年间,全国公路通车里程、机动车数量和驾驶人数量分别增长了3.75倍、33倍、26倍,目前我国高速公路通车里程、汽车增速、机动车驾驶人数量均居世界第一;与此同时,我国道路交通事故死亡人数、重特大事故起数呈现出"双下降"态势,特别是重特大事故由1996年的80起下降到2015年的12起,降幅逾80%。

二、交通事故的原因及其减少措施

我国道路交通安全管理部门按照机动车违法过错、机动车非违法过错、非机动车违法、行人乘车人违法、道路原因5个大类核定事故原因。2012年的道路交通事故中,90%的事故原因核定为机动车违法。将各种类型的机动车违法行为进一步细分,其中,未按规定让行是造成道路交通事故的主要原因,分别占到"事故起数""死亡人数"和"受伤人数"三项指标的15.5%、10.6%和8.7%,超速行驶、无证驾驶、酒后驾驶等严重违法行为的比例也均位于前列。

美国国家安全委员会除了发布2016年美国交通事故伤亡人数统计报告外,还发布了一份对机动车驾驶人危险驾驶行为的问卷调查。调查结果显示,尽管绝大多数驾驶人(83%)认为安全驾驶很重要,但他们还是在驾驶过程中有过危险驾驶行为。其中,64%的受访驾驶人曾有过超速驾驶的经历;47%的受访驾驶人曾在开车时手动发短信或者使用语音控制发送短信;13%的受访驾驶人有过吸毒后驾车的行为;10%的受访驾驶人有过酒后驾驶的行为。上述四种行为也被认为是导致2016年美国道路交通安全伤亡人数猛增的主要原因。

2016年,日本颁布的《交通安全白皮书》中已将对老年人等弱势群体的保护放在首要位置。并且,将在汽车制动系统上采用先进技术,对超速以及紧急制动进行大数据分析,制定相关解决对策等。

在影响交通安全的诸多因素中,人是造成交通事故的决定因素。国外研究表明,因机动车驾驶人过失造成的交通事故占由于人的原因引起的事故总数的87.5%,非机动车驾驶人占4.7%,行人、乘客占5.19%,其他人员占2.63%。

三、道路交通法规和标准

随着道路和交通工具的发展,有许多交通问题需要管理,于是产生了道路交通法规。关于道路交通规则,我国很早就有规定,秦始皇时期规定了"车同轨",在西汉时期的长安城,通向主要城门的大街,多建成3条平行的道路,并规定左道出、右道进、中间为"御道"。古罗马将军恺撒颁布了世界上第一个交通法规,规定市中心繁华街道白天禁止车辆通行,在古罗马城市内道路实现单向交通等。

1756 年,英国规定马车要靠左侧行驶。1892 年,法国制定了《巴黎警察条例》。1903年,英国菲尔普斯·伊诺编制的《驾车规则》被纽约市采纳,全美各地也相继采用。1921 年,伊诺编著的《交通规则》一书出版,成为交通问题的权威著作,伊诺有"交通之父"之誉。1949—1968 年,国际上对道路标志和信号逐步作了统一规定。

自 1927 年在上海市公布《上海市取缔汽车罚款》和《上海市管理汽车司机人员规定》起,直到 1934 年才制定了旧中国第一部全国性的《道路交通规则》。新中国成立后,政务院于 1950 年 3 月 20 日批准发布了我国第一个汽车管理制度,即《汽车管理暂行办法》。

1951 年 5 月 13 日经政务院批准,公安部发布了《城市路上交通管理暂行规则》。1955年 8 月 19 日,公安部原部长罗瑞卿签发命令实施《城市交通规则》。

1960 年 2 月 11 日,交通部发布了《机动车管理办法》。同年 8 月 27 日,交通部又发布了《公路交通规则》。1972 年 3 月 25 日,由交通部、公安部联合发布了《城市和公路交通管理规则(试行)》,将《城市交通规则》《机动车管理办法》和《公路交通规则》合并为一个法规。1985 年 7 月 19 日,公安部发布了《城市机动车辆安全检验暂行标准》。

1986 年 1 月 9 日,发布了国家标准《道路交通标志和标线》(GB 5768—1986)(已废止)。

1987 年 2 月 16 日,发布了国家标准《机动车运行安全技术条件》(GB T258—1987)(已废止)。1988 年 3 月 9 日,国务院发布了《中华人民共和国道路交通管理条例》。

1996 年 6 月 3 日,公安部分别发布了第 28 号令《中华人民共和国机动车驾驶证管理办法》和第 29 号令《中华人民共和国机动车驾驶员考试办法》。2009 年 7 月 1 日,《道路交通标志和标线》(GB 5768.1 ~ 3—2009)正式实施。

2012 年 5 月 11 日,发布了国家标准《机动车运行安全技术条件》(GB 7258—2012)。

第九章　汽　车　未　来

21 世纪,汽车作为现代交通工具的重要战略地位是不可动摇的。未来汽车要在摆脱石油危机、环境污染、安全隐患、行驶不畅、成本过高、要求多样(舒适性、娱乐性、美观性等)的困惑中发展,汽车工业面临技术挑战。未来汽车的发展趋势是:汽车质量轻量化;汽车燃料多样化;汽车动力电动化;汽车控制电子化、智能化。21 世纪的汽车应是节能汽车、新能源汽车、安全汽车、智能汽车。

第一节　汽车质量轻量化

汽车质量轻量化即汽车轻量化,是在保证强度和安全性的前提下,尽可能降低汽车整备质量,以提高汽车的动力性,实现节能减排。根据统计,汽车每减轻 10% 的质量,能够节省 6% ~ 8% 的燃料,同时使排放下降 4% 。

汽车轻量化的实现需要材料技术、轻量化结构优化设计技术以及轻量化绿色制造技术三方面的进步,是材料、设计、加工成形技术等多方面的集成,其中材料的创新是基础和核心,汽车的轻量化首先是汽车材料的轻量化。目前,材料的轻量化主要是扩大超轻高强度钢板、铝合金、镁合金和塑料等轻质材料的应用。

一、采用高强度钢板

20 世纪 90 年代,汽车轻量化得到加速发展,具有代表性的汽车轻量化项目主要有美国的 PNGV、欧洲的 Super Light – Car、国际钢铁协会组织的 ULSAB – AVC 等,这些项目的研究结果表明钢铁仍然是汽车制造的主要材料,但必须向高强度钢板转变。采用高强度钢板不但可以实现汽车轻量化,还能提高汽车的被动安全性和刚度。因此,高强度钢板在汽车上的使用日益增多。

目前,世界各大汽车公司均已掌握了应用超轻高强度钢板制造汽车零部件的相关工艺技术,使超轻高强度钢板的应用范围向制造汽车附件(如车门、发动机罩、尾箱盖板等)延伸。据资料介绍,这一类零部件若采用这种钢板制造,其自身质量可减少 25% ~ 30% 。

二、采用铝合金

多年以来,铝就以其质量小、易于回收利用等优点而被广泛用于汽车(尤其是轿车)制造,例如车轮和发动机零部件等。根据美国铝学会的报告,汽车上每使用 0.45kg 铝就可减轻车重 1kg。理论上,铝制汽车可以比钢制汽车减重 40% 左右。对于一辆 1300kg 的轿车,若质量减轻 10% ,其燃油消耗可降低 8% 。

1999 年,奥迪公司推出了 Audi A2 超轻轿车,车身采用全铝空间框架车身(ASF)。该车是世界上第一款大批量生产的全铝轿车。该车采用铝材使整车质量比传统钢制车身减轻 40% 以上,仅有 895kg,百千米油耗降到 3L。发展趋势表明,不仅轿车越来越多地使用铝,而且商用车也是如此。在商用车上,铝活塞、铝散热器已十分普遍,汽车制动系部件,如空压机、各类控制阀等也是用铝制造的。大客车也将越来越多地使用铝车轮,这对减少这一类汽车的自身质量将发挥很大作用。

据统计,1978 年一辆中级轿车的铝材料使用量(世界平均)约为 32kg,1998 年增加到 85kg,即在 20 年内增长了 1.7 倍。据预测,到 2020 年每辆车的铝合金用量将由原来的 140kg 提升到 180kg,轧制铝板及铝挤压配件行业会出现长期增长,铝材在汽车行业的广泛应用,将带给铝业新的发展契机。

三、采用镁或镁合金

镁的密度为 $1.74 \mathrm{g/cm^3}$,分别是铝密度($2.74 \mathrm{g/cm^3}$)的 2/3 和钢密度的 1/4,是实际应用中质量最轻的有色金属材料。镁合金具有很高的比强度和比刚度,相比铝合金和高强钢,其轻量化效果更为明显。此外,镁具有导热导电性能、阻尼减振和电磁屏蔽性好,易于加工成形,容易回收等优点,被公认为当今最具发展潜力的汽车轻量化材料。

按照制造工艺不同,可将镁合金分为变形镁合金和铸造镁合金,由于变形镁合金加工制造成本较高,目前应用较多的为铸造镁合金。

北美是世界上汽车镁合金用量最大的地区,正在使用和研制的镁合金汽车零部件有 100 多种,多以压铸件为主,取代铸铁、铝合金、塑料和钢冲压焊装组合件,包括转向盘、离合器、传动外壳、轮毂、发动机支架、行李舱盖板等。经过几十年的发展,已经有超过 100 种汽车零部件采用镁合金制造,如发动机零件、变速器零件、仪表盘骨架、座椅骨架、转向盘、变速器壳体、轮毂等。

虽然我国的镁储量、原镁产量、镁出口量都位居世界第一,但汽车用镁量与西方国家尚有很大差距,欧美国家的乘用车单车用镁量为 5kg 左右,而我国还不足 1kg。限制镁合金广泛应用的主要原因是技术条件的限制,造成车用镁合金的制造工艺成本较高。此外,镁合金在强度、韧性以及耐腐蚀性方面也有一定的不足。因此,加强镁合金在汽车关键零部件部位的应用研究、开发高性能的镁合金将是未来的研究重点。

四、采用塑料及复合材料

塑料是一类重要的非金属汽车用轻量化材料。汽车用塑料主要有聚丙烯、聚氨酯、聚氯乙烯、热固性复合材料、ABS、尼龙和聚乙烯等。塑料具有比重小、耐腐蚀性好、成本低、易于加工等诸多优点,不仅能提高汽车制造的经济性、乘坐的舒适性,而且能起到美化外观的效果。

汽车用塑料从 20 世纪 80 年代进入高强度、质量轻的材料体系,20 世纪 90 年代向功能件、结构件方向发展。近年来,塑料在汽车上的用量及比例逐年增加,是目前汽车上使用最多的非金属材料,并逐渐展现出"以塑代钢"的趋势。

20 世纪 90 年代,发达国家汽车平均用塑料量是 100~130kg/辆,占整车整备质量的

7%~10%;到2011年,发达国家汽车平均用塑料量达到300kg/辆以上,占整车整备质量的20%。目前,各个国家塑料复合材料在汽车用量上,德国已经达到了300~365kg/辆,占到了整个汽车的22.5%;美国和法国达到了220~249kg/辆,占整车整备质量的16.5%;日本达到了126~150kg/辆,约占整车整备质量的10%;中国只有90~110kg/辆,约占整车整备质量的8%。由此可见,汽车用塑料量成为一个国家衡量汽车设计和制造水平的重要标志之一。

塑料在汽车上的应用经历了从内饰件到外饰件再到结构件的三个发展阶段,在汽车轻量化的应用中体现出了强大的生命力。现在主要应用在仪表盘、挡泥板、保险杠、前后翼子板、车门内板、车身外板、油箱、风扇叶片等汽车零部件的制造上。车用塑料的发展方向是开发用于制造汽车结构件、安全件的高性能塑料以及塑料合金,并设法提高塑料的再回收利用率。

车用复合材料是指碳纤维复合材料,具有密度小、耐腐蚀、比强度和比刚度高等特点,主要用于制造汽车结构件(如汽车车身、底盘等),能在保证强度和刚度的前提下,大量减轻汽车质量。

碳纤维复合材料成本较高,制约了其在汽车工业的应用和推广,目前主要用于一些小批量的高档轿车及赛车的生产制造中。要扩大碳纤维复合材料在汽车领域的应用,必须开发低成本的快速成型技术,建立数据库以及提高复合材料的回收利用率。

第二节 汽车燃料多样化

石油制品中的汽油和轻柴油尽管有不尽如人意之处,但是却不能否认它们是综合素质优良的汽车能源,否则就无法解释从1886年第一辆汽车问世经历了100多年之后的今天,汽油和轻柴油仍然是汽车的基本能源。但是,随着石油资源日益紧缺。因此,必须开发汽车代用燃料,改善能源结构。作为汽车石油代用燃料的有压缩天然气(CNG)、液化石油气(LPG)、甲醇、乙醇、煤气和氢气等。

一、压缩天然气汽车

天然气的主要成分是甲烷(CH_4)。按储存的压力和形态,天然气有常压气态、高压气态和液态之分,分别称为常压天然气、压缩天然气和液化天然气。压缩天然气储存方式是天然气目前应用的主要形式。以天然气为燃料的汽车分为压缩天然气汽车和液化天然气汽车。据统计,2006年全球约有486万辆天然气汽车;到2010年,全球天然气汽车1267.5万辆,加气站数目达到16513座。

2000年底,我国天然气汽车保有量超过8万辆,燃气加气站约250个。2007年我国的加气站建设数量已达555座。2013年我国的天然气汽车达到157.7万辆,其中压缩天然气汽车(主要是出租汽车和公交车)保有量所占总数比例较大。压缩天然气技术相对液化天然气开发和应用的时间较早,已经较为成熟和稳定。

压缩天然气的体积能量密度约为汽油的26%,而液化天然气的体积能量密度约为汽油的72%,远高于压缩天然气。液化天然气主要用来替代柴油,国外大型液化天然气货车一次加气可连续行驶 1000~1300km,非常适合长距离运输。同时,液化天然气便于运输,加气站建设占地少、投资省。

2012—2013 年,在国家《天然气利用政策》和地方政府机动车"油改气"等有利政策环境下,主要公司纷纷推进液化天然气加注站建设,液化天然气加气站数量呈爆发式增长(由2011 年的 241 座,增长到 2012 年的 811 座,2013 年底达到约 1844 座),主要分布于靠近油气田的西部地区和靠近液化天然气接收站的东南沿海地区。截至 2013 年底,我国液化天然气汽车保有量超过 10 万辆,主要为公交车和重型卡车。

未来,我国天然气汽车发展仍将优先发展出租汽车和公交车等公共服务车辆,燃料以压缩天然气为主;液化天然气公交车、城际客运、重卡物流车则是另一重点发展领域。

二、液化石油气汽车

汽车用液化石油气,是以丙烷(C_3H_8)、丁烷(C_4H_{10})为主要成分的石油产品。与传统的车用燃料(汽油和柴油)相比,液化天然气具有优良的理化特性,是公认的清洁燃料。

液化天然气的热值比汽油高 4%~5%。以液化天然气为燃料的发动机,冷起动性能好,运转平稳,不含汽、柴油中存在的胶质,因而在燃烧中不会产生积炭。实验证明,在环境温度达到 −30℃时,液化天然气汽车无须采取特别措施仍可顺利起动,尤其适用于寒区。液化天然气汽车在全世界的应用是目前所有替代能源汽车中最为广泛的。液化天然气汽车的相关技术伴随着传统汽车技术的不断发展和排放标准的日益严格得到了快速的发展。

据世界液化石油气协会(WLPGA)2016 年统计,全世界约有 2500 万辆液化天然气汽车。

我国也在加速液化天然气汽车的发展,在用的汽车用液化天然气的行业标准为《车用液化石油气》(GB 19159—2012)。

三、醇类燃料汽车

醇类燃料汽车是指以甲醇(CH_4O)或乙醇(C_2H_6O)为燃料的汽车。世界上第一台内燃机是以乙醇为燃料的,但直到 20 世纪 70 年代以后醇类汽车才再次受到重视。醇类燃料可以与汽油或柴油按一定比例配制而成混合燃料,也可以直接采用醇类燃料作为发动机的燃料。甲醇主要从煤和石油中提炼,规模生产的成本不高于汽油;乙醇一般利用谷物和野生植物生产。

我国目前相关的在用国家强制性标准为《变性燃料乙醇》(GB 18350—2013)和《车用乙醇汽油》(GB 18351—2015)。车用乙醇汽油对缓解我国石油紧缺、促进农业生产良性循环以及保护环境等方面起到积极作用。

四、氢气汽车

氢气汽车分为两种,氢内燃车(HICEV)和氢燃料电池车(FCEV)。氢内燃车(HICEV)是以内燃机燃烧氢气(通常通过分解甲烷或电解水取得)及空气中的氧产生动力,推动的汽车。而氢燃料电池车(FCEV)是使氢或含氢物质及空气中的氧通过燃烧以产生电力,再以电力推动电动机,由电动机推动车辆。

2007 年,中国长安汽车完成了中国第一台高效零排放氢内燃机点火汽车,并在 2008 年北京车展上展出了自主研发的中国首款氢动力概念跑车"氢程"。

2014年12月,全球首款量产的氢燃料电池车丰田Mirai正式登陆日本市场,随后面向美国、欧洲、阿联酋发售,该车续航里程高达483km,燃料补给时间为3~5min,与普通燃油车无异,但却真正实现了零排放。不过由于氢补给站的配套建设问题,截至2016年末,仅销售了2840辆。

2017年2月,通用汽车公司与本田汽车公司宣布成立业内首家将氢燃料电池系统投入量产的合资企业,为两家公司未来的产品提供先进的燃料电池系统,新公司预计于2020年左右开始进行批量生产。

目前,氢气在汽车上应用的主要问题仍然是氢气的来源和储运。

综上所述,石油燃料汽车虽然在近几十年之内仍然还会保持惯性领先,但由于电动汽车、天然气汽车、液化石油气汽车等的迅速发展,石油燃料汽车必将受到很大影响。

第三节　汽车控制智能化

随着汽车工业与电子工业的不断结合发展,电子技术在汽车上的应用越来越广泛,汽车电子化的程度也越来越高。汽车电子技术的出现是汽车发展过程中一次重要革命性事件,并且成为衡量现代汽车发展水平的一个重要技术标志,实现了由简单机械产品向高级智能化产品的过渡,形成了现代"电子汽车"的概念。未来汽车的发展将更加依赖电子技术的进步,而汽车电子技术也会向着信息化、智能化、网络化和人性化控制方向发展。

纵观汽车技术发展史,汽车电子技术的发展主要有四个阶段,分别如下。

(1)20世纪50年代初期到1974年为汽车电子技术发展的第一阶段。在这一阶段,致力于用现代的电子装置代替传统的机械部件,开发重点在于单一的电子零部件,改善汽车内部某些机械部件的性能。主要产品有电子点火控制器、交流发电机、电子式电压调节器、数字钟、电子式闪光器等。这是汽车技术开始与电子技术出现结合的第一步,上述电子产品在汽车中的广泛应用开启了汽车电气化时代的大门,为未来汽车电气化发展奠定了基础。

(2)1974—1982年是汽车电气化发展进程的第二个阶段。在这一阶段,汽车电气技术的发展更有目标性和方向性,汽车工业开始为了实现某种特定功能而采用特定的电气化理论和技术,这一时期较为典型的电气化设备就是集成电路和16位以下的微处理器。在汽车电气化发展的这一阶段,集成电路和微处理器在汽车上得到大范围的使用。为了实现特定目的,技术人员基于电气化理论研制出各种电气化系统,比如汽车内部的安全气囊系统、防抱死制动系统以及用于控制汽油喷射的电子控制喷射系统等。

(3)1982—1995年是汽车电气化发展进程的第三个阶段。这一阶段汽车电气化技术得到了巨大发展,电子技术开始由普通控制向现代化电子控制过渡,为现代智能化电子控制系统奠定了技术基础。这一阶段汽车电子技术发展的明显特征就是开始出现具有多种控制功能的计算机集中管理系统,这个管理系统以微型计算机作为控制核心,逐渐取代了传统电子技术的独立控制系统,应用范围不断扩大。这一时期出现的典型电子技术产品有发动机集中管理系统、车辆舒适性电子控制系统、牵引力控制系统、传统电子控制系统等。

(4)1995年至今是汽车电气化发展进程的第四个阶段。这一时期最典型的汽车电子技术就是智能化电子控制系统,并且已经在汽车上得到大范围的使用。主要技术产品有自动防撞系统、动力最优化系统、汽车导航系统、电子地图以及自动驾驶系统等。

汽车电子化是现代汽车发展的重要标志。从现代汽车上所使用的电子设备的价格比例看,欧美汽车上所用电子设备的价格已占整车价格的 15% ~ 20%;而我国生产的汽车,目前所用电子设备的价格只占整车价格的 2.5%。从世界汽车电子市场的销售来看,1991 年每辆汽车平均消耗电子产品的费用只占整车的 10%,1998 年接近 15%,而 2003 年已经提高到20%(某些车型甚至更高)。现代汽车电子技术的应用不仅提高了汽车的动力性、经济性和安全性,改善了汽车行驶的稳定性和舒适性,推动了汽车产业的发展,而且还为电子产品开拓了更加广阔的市场,从而推动了电子产业的发展。

第四节　汽车能源电动化

电动汽车是指以电能为动力的汽车。在蒸汽汽车与内燃汽车两个时代交替的时候就出现了电动汽车。在福特汽车公司大批量生产 T 形汽油车之后,由于电动汽车自身问题没能解决,不久就退出了汽车舞台。在汽车诞生 100 多年后,由于内燃机汽车迅速发展所带来的环境和能源问题日益突出,世界各国又重新将重点放到了电动汽车的研发上。

电动汽车的最大优势是能引领低碳化、信息化、智能化这一未来汽车产业发展的方向。由于能平衡轻量化材料导致的成本上升,电动汽车能带动轻量化材料的规模应用。此外,作为智能化的最佳平台,电动汽车将极大改变未来人类的出行模式。

一、汽车史上美丽的"彗星"

1881 年,在巴黎举行的国际电器展览会上,法国人古斯塔夫·特鲁夫展出一辆能实际操纵的电动三轮汽车。这是世界上第一辆真正意义上的电动汽车,比本茨发明的第一辆内燃机汽车早 5 年。

实际上,早在 1873 年,英国的罗伯特·戴维森就开始研制电动汽车,随着西欧各国相继生产出各种电动汽车,到 19 世纪末,电动汽车在欧洲已相当普及。1898 年,欧洲的每 14 辆出租汽车中就有 13 辆是电动汽车。早期的车赛,多次使用电动汽车。在当时,电动汽车也创造出一些惊人的车速。例如:1899 年,比利时人卡米·乔纳寿驾驶的雪茄形电动汽车创造出车速 150km/h 的最高纪录;1900 年,英国人哈特制造的电动汽车,每个车轮上都装有一个电动机来驱动,车速达 80km/h。

1900 年,美国生产了 4159 辆汽车,其中电动汽车的产量达 1575 辆。1909 年,福特汽车公司大批量生产 T 形汽油车后,才使电动汽车产量逐步减小。1920 年,美国停止生产电动汽车。

当时,电动汽车所用的蓄电池的能量受到很大限制,每行驶很短的距离就需充一次电,这对长途行驶很不利。而且,蓄电池充电费用相当高,当时一年的充电费用相当于购买一辆新车的价格。所以,电动汽车在汽车出现初期只不过是一颗美丽的"彗星"。这颗"彗星"在100 多年以后的今天又回到了汽车世界灿烂的星空。

二、电动汽车的崛起

从 1881 年第一辆电动汽车问世以来,既曾显赫一时,也曾笼罩在燃油汽车的阴影之下,几乎被人忘记。直到 20 世纪 70 年代,石油危机和环境污染日益成为人们的关注焦点以来,电动汽车的发展才又掀起了新的高潮。

人们可以将其他能源转变为电能并储存于蓄电池中作为汽车的动力源,这是电动汽车的基本形式。另一种电动汽车基本形式是以燃料电池为动力源,它是在汽车上将燃料送入一种特殊的电池——燃料电池,从而产生电能,这种电动汽车与前一种电动汽车的区别是汽车上必须携带燃料。因此,电动汽车有蓄电池式和燃料电池式两种形式。此外,由于电动汽车的一次充电续航里程短,出现了将蓄电池和内燃机联合使用的混合动力电动汽车。

电动汽车尚有许多具体技术难题需要解决,尤其是目前电池技术发展的相对滞后,已经成为制约电动汽车发展的主要瓶颈。从 20 世纪 70 年代开始,许多国家将研制开发电动汽车作为研制重点。

经济学家杰里米·里夫金认为,可再生能源与互联网技术的结合,将催生第三次工业革命。电动汽车与互联网、智能电网、充电基础设施网相互交融,可搭建车网协同的交通能源信息系统。正因如此,从应对能源结构调整、环境保护、培育未来科技竞争优势出发,许多发达国家都已将新能源汽车上升到国家战略高度,在技术、市场层面出台了很多强力措施。2015 年以来,各国支持力度进一步加大。美国政府提高 45 亿美元贷款担保,推动充电基础设施普及,投资开发高能量密度动力电池。日本政府进一步明确,到 2020 年纯电动汽车与插电式混合动力汽车销售 100 万辆。德国政府和工业界开始学习中国,为新能源汽车提供总计 12 亿欧元的补贴资金。

电动汽车市场同样成为跨国汽车企业争夺的焦点。2016 年,大众汽车集团表示:在未来 10 年将推出超过 30 款纯电动车型;2025 年,纯电动车销量将达 200 万～300 万辆之间,占其总销量的 20%～25%。戴姆勒集团也将在 2018—2024 年间再推出至少 6 款电动汽车。雷诺日产集团则希望在 2020 年累计销售电动汽车 150 万辆。

我国 2012 年发布的《节能与新能源汽车产业发展规划(2012—2020 年)》的明确目标是:到 2015 年,纯电动汽车和插电式混合动力汽车累计产销量力争达到 50 万辆;到 2020 年,纯电动汽车和插电式混合动力汽车生产能力达 200 万辆,累计产销量超过 500 万辆。

第十章 交通漫谈

现代化交通运输包括铁路、公路、水路、航空和管道五种运输方式。

第一节 铁 路 运 输

一、铁路的由来

16 世纪中叶,英国兴起了采矿业,为将煤炭和矿石运到港口,便铺了两根平行的木材作为轨道。17 世纪时,才逐渐将木轨换成角铁形的铁轨,角铁的一边起导向作用,以防车轮脱轨。经过多年的不断改进,形成现在的钢轨。因为钢轨是从铁轨演变而来的,所以世界各国都习惯地把它叫作铁路。

二、世界铁路运输的发展

蒸汽机发明后,发明了蒸汽汽车,此后又对在轨道上行驶的蒸汽机车的研究盛行起来。1803 年,英国人里查德·特雷维希克研制出世界第一辆蒸汽机车。遗憾的是,运行几次后铸铁轨道就被损坏了,机车再也没有行驶,尽管这是一次巨大的发明,却没得到应用,反而逐渐被人们忘却。

世界公认,英国人乔治·斯蒂芬森是"火车之父"。1781 年 6 月 9 日,斯蒂芬森出生于一个煤矿蒸汽机修理技工的家庭,14 岁到煤矿做蒸汽机维修工,1812 年担任煤矿蒸汽机工长,1814 年他试制成功煤矿用布鲁克号蒸汽机车,1829 年他又设计制造了火箭号蒸汽机车(见图10-1)。

图 10-1 斯蒂芬森制造的火箭号蒸汽机车

斯蒂芬森制造的第一辆布鲁克号蒸汽机车在他家附近煤矿的轨道上行驶,驾驶员是斯蒂芬森的弟弟詹姆斯,给机车锅炉生火的是詹姆斯的妻子。第一次行驶时,机车吼叫,烟囱喷火,因此煤矿上的居民称它为火车,后来人们又把蒸汽机车叫作火车头,这两个名字一直沿用到今天。

1817年,英国一位叫作皮斯的商人,想采用铁轨修建一条从斯托克顿至达林顿的铁路,他聘请斯蒂芬森为修建铁路工程师。1825年建成通车,这是世界上第一条使用蒸汽机车的铁路。它的出现标志着近代铁路运输的开端,使陆上交通运输迈入了以蒸汽机为动力的新纪元。火车和铁路一经发明,便以其迅速、便利、经济等优点,受到人们的重视,除了在英国全面展开铁路的铺设工程外,其他国家也相继开始兴建铁路。世界主要国家铁路修通年份见表10-1。

世界主要国家铁路修通年份　　　　　　　　　　　　　　　表 10-1

国　　名	修通年份(年)	国　　名	修通年份(年)	国　　名	修通年份(年)
英国	1825	俄国	1837	巴西	1851
美国	1830	奥地利	1838	印度	1853
法国	1832	荷兰	1839	澳大利亚	1854
比利时	1835	意大利	1839	埃及	1855
德国	1835	瑞士	1844	日本	1872
加拿大	1836	西班牙	1848	中国	1876

从表10-1中可见,铁路在数十年间就得到了较快的发展。直到20世纪20年代,由于汽车和飞机的发展,使铁路受到冲击,一度处于停顿状态。然而能源危机、环境污染等问题的出现,又使铁路重见曙光。

各国在进一步发展国家的交通运输业,选择有利的运输方式时,铁路占有一定的优势,特别是高速铁路的出现,更使人们重新认识到铁路在国家经济和社会生产发展中具有不可忽视的重要地位和作用。

世界铁路运输的发展主要表现在以下诸方面。

1. 蒸汽机车退出历史舞台

蒸汽机车虽然得到广泛应用,但也存在着许多难以克服的缺点,例如:消耗了大量的煤;每行驶80～100km就需加水,行驶5000～7000km需洗炉;行驶中排放黑烟,污染环境等。正是由于这些原因,曾经辉煌一时的蒸汽机车开始退出历史舞台,逐渐被电力机车和内燃机车所取代。

2. 电力机车跻身铁路运输

最早的电力机车是1842年由苏格兰人戴维森制造的。

1879年,德国人西门子制造出一台小型电力机车,这辆不冒烟的机车引起人们极大的兴趣。同年,世界上第一条电气化铁路在柏林博览会上展出(见图10-2),这条由西门子公司设计的铁路长约549m,有3根铁轨,其中一根专门用来输送电力。该铁路上,电力机车车速为12km/h,牵引一辆载客18人的客车。

图10-2　第一辆电力机车

1890 年,英国的电力机车正式营业。美国于 1895 年开始把电力机车应用于干线运输。以后,德国、日本也相继研制出了实用的电力机车。从此,电气化铁路迅速发展起来。

3. 内燃机车后来居上

电力机车可以获得较高的速度和牵引力,但无论由高架线供电还是由第三轨道供电,对于几千千米甚至几万千米的远距离铁路线来说,费用是相当高的,而且这种供电方式不安全,一旦供电线路中断,铁路运输将停止。柴油机发明后,由于它的经济性好,很快在火车上得到了应用。1925 年,美国新泽西州的中央铁路使用了第一辆 220kW 的小型柴油机机车。后来,很快出现了 2574kW、5516kW 的大型柴油机机车,可以牵引超过 5000t 的货物,车速高达 145km/h。从此,美国、英国、加拿大等国都在十年左右的时间内实现了内燃机车化。

4. 燃气轮机车前景可观

燃气轮机是一种先进而复杂的成套动力机械装备,是典型的高新技术密集型产品。作为高科技的载体,燃气轮机代表了多理论学科和多工程领域发展的综合水平,是 21 世纪的先导技术。燃气轮机车是以燃气轮机产生动力,通过传动装置驱动车轮的机车。

最早的燃气轮机车是瑞典人于 1933 年制造的一辆 480kW 自由活塞燃气轮车,1955年又制成一辆 956kW 连杆活塞燃气轮车。1951 年法国先后制成 735kW 和 1770kW 的自由活塞燃气轮车,并投入运行。上述几种机车都采用机械传动。1954 年苏联造了一辆2210kW 自由活塞燃气轮车,采用电力传动。其他一些国家也都相继研制出自己的燃气轮机车并投入使用。

燃气轮机车的优点是:对燃油质量要求不高、制造和维修简单、用水极少、耐寒冷等。缺点是:工作效率低、噪声大、对材料的耐热性要求很高,这在一定程度上制约了燃气轮机车的发展。如果克服了这些缺点,燃气轮机车的发展前景将十分可观。

5. 高架铁路悬空而起

为了提高车速,保证安全,减少地面建筑物的拆迁,人们想到了建造高架铁路。1836 年,英国建造了格林尼治至伦敦的高架铁路。接着美国在纽约市内也建造了钢结构立柱式高架铁路,但这种高架铁路的噪声和振动都很大,影响周围居民的安宁,因此,钢筋混凝土高架铁路应运而生。后来,在高架铁路的两侧装设了隔音壁,使噪声进一步减小。高架铁路工程简易、造价低,曾一时获得发展。但高架铁路因占去城市昂贵的土地和空间,且噪声大,逐渐为地下铁道和独轨铁路所代替。

日本是建造高架铁路最多的国家,而且多为独轨跨座型和悬空型单轨高架车,有效地解决了本国的交通阻塞问题。目前世界上最快而又安全的单轨高架铁路是日本羽田至浜松町之间的铁路,全长 13.1km,最高车速达 80km/h。

6. 地下铁路大显神通

1863 年 1 月 10 日,英国伦敦建成了世界上第一条地下铁路,全长 5.9km。地下铁路客运量大、速度快、安全舒适,是解决大城市交通运输的有效途径。一列地下铁路列车能载800~1200 人,相当于十几辆公共汽车的载客量。它的速度也比公共汽车快几倍,且不必占用街道面积。同时,电力机车牵引可以使城市免受污染。因此,许多国家的大城市都大力修建地下铁路。

我国第一条地下铁路线路于 1965 年 7 月在北京开始修建,于 1971 年投入营运。

7. 高速铁路倍受瞩目

高速铁路(高铁)技术是世界铁路的一项重大技术成就,它集中反映了一个国家牵引动力、线路结构、列车运行控制、运输组织和经营管理等方面的技术水平,也体现了一个国家科技综合水平。

高铁因时代不同、国家不同而标准有异。例如,西欧早期把新建速度达到 250~300km/h、旧线改造速度达到 200km/h 的铁路定为高铁;但 1985 年联合国欧洲经济委员会在日内瓦签署的《国际铁路干线协议》规定:新建客运列车专用型高速铁路速度为 350km/h 以上,新建客货运列车混用型高速铁路速度为 250km/h 以上。我国于 2014 年元旦起实施的《铁路安全管理条例》规定:高铁是指设计开行速度 250km/h 以上(含预留),并且初期运营速度 200km/h 以上的铁路客运专线。目前,中国高铁通常运营速度约 250km/h。

1964 年,日本修建了世界上第一条客运高速专线——东海道新干线。光号列车以 210km/h 的速度行驶在东京和大阪之间。法国后来居上,1989 年 9 月,从巴黎到里昂的 TGV 高铁以 300km/h 的速度正式投入营运,时隔仅 8 个月,法国再创 515.3km/h 的世界最高试验记录;2007 年 4 月 TGV 在从巴黎到斯特拉斯堡的东线铁路上以 574.8km/h 的速度再次创造世界纪录。2014 年 1 月,中国南车制造的 CIT500 型的试验速度达到了 605km/h。

我国高铁经过十多年的发展,取得了长足的进步。从 2002 年底秦皇岛至沈阳高铁通车,到 2013 年天津至秦皇岛高铁投入运营,我国高铁运营里程突破 1 万 km,历时 11 年;从 1 万 km 到 2 万 km,仅历时 3 年,高速铁路运营里程就实现翻番。如今我国高铁网已经发展成为世界上最大规模的高铁网,运营里程占世界高铁运营总里程的 60% 以上。我国高铁"四纵四横"主骨架已基本形成,长三角、珠三角、环渤海等城市群高铁已连片成网,东部、中部、西部和东北四大板块实现高铁互联互通,中国现代化的高速铁路网初具规模。

8. 磁悬浮铁路开辟高速新领域

虽然高速铁路的速度不断提高,但传统铁路仍无法摆脱地面摩擦阻力对运动速度的约束。因此,磁悬浮铁路则是当今世界上引人注目并很有发展前途的高速陆上运输系统。

磁悬浮列车的最大特点是没有车轮与轨道之间的摩擦力。在磁悬浮铁路上运行的列车,是利用电磁系统产生的吸引力或排斥力将车辆托起,使整个列车浮在线路上,利用电磁力导向,直线电机将电能直接转换成推进力而推动列车前进。所以,磁悬浮列车是介于铁路和航空之间的自动化地面交通方式,为世界陆上运输开辟了一个新领域。

德国、日本对磁悬浮列车试验开始较早,我国是世界上掌握磁悬浮列车技术的第三个国家。

9. 重载运输是铁路货物运输的发展趋势

重载运输是除高铁以外,铁路现代化的又一个标志。重载运输是指在先进的铁路技术装备条件下,扩大列车编组,提高列车载运量的运输方式。

国际重载协会认为,重载铁路必须满足以下三条标准中的至少两条:①经常、定期开行或准备开行总重至少为 8000t 的单元列车或组合列车;②在长度至少为 150km 的线路区段上,年计费货运量至少达 4000 万 t;③经常、正常开行或准备开行轴重 27t 以上(含 27t)的列车。

铁路重载运输技术始于 20 世纪 20 年代,它是提高线路运输能力、运输效率的重要措施。世界上开展重载运输的国家还不是很多,只有澳大利亚、加拿大、中国、南非、美国、俄罗斯、巴西等国土幅员辽阔、资源丰富、铁路较为发达、大宗货物运输较多的国家。当然,更主要的原因还在于重载运输对铁路线路、机车车辆、行车组织等方面的要求比较高,一些国家目前还难以达到。因此,重载运输已成为世界各国铁路货物运输发展的共同趋势,在一定程度上反映了一个国家铁路运输技术的综合水平。

重载运输是铁路运输的一项重大改革,也是一项庞大的系统工程。它不仅能大幅度地提高运输能力,也必将促进科学技术的进步和发展,使铁路的机车、车辆、线路、桥梁、通信信号、材料工艺、信息控制以及运输组织等各个领域和各类硬件设备都全面配套发展。

10. 信息化对铁路发展有重要意义

在铁路发展中,现代信息技术的发展及应用具有重大意义,如何提高铁路运输的安全、效率和服务是铁路发展面临的主要难题。铁路运输的实践和研究证明:单靠扩大基础投资、增修高速铁路是不够的,必须从系统的观点出发,用科学的手段对列车、线路和运营管理综合考虑。世界各国都投入大量的人力、财力进行研究,以便建立一套高效、可靠的铁路信息管理与控制系统。因此,铁路智能运输系统(RITS)便应运而生。

当前,全球范围内铁路服务需求的增加,给现有铁路运输能力和基础设施带来前所未有的压力。然而,日益老化的现有系统与传统业务实践往往无法解决这些问题。通过积极地采用新技术,来获取整个铁路网的信息,并对这些信息进行关联和分析,可以让铁路部门变得更加高效灵活,从而建立一个响应速度更快、更加灵活的运作环境。信息化是现代化的标志,没有信息化就没有铁路的现代化。因此,我们可以看出信息化对于铁路发展具有重要意义。

铁路智能运输系统涉及十分广泛的领域,主要由以下几部分组成:先进的运输管理系统、先进的运输自动控制系统、先进的列车控制系统、先进的旅客服务系统、先进的运输设施管理系统以及先进的安全保障系统。其关键技术主要包括:数据传输、列车定位、列车运行控制、列车进路控制、编组站作业自动化等。除此之外,还有与之配套的旅客服务系统,货主服务系统等。与传统的铁路运输方式相比,铁路智能运输系统在运输管理、运输安全性、运输效率、运输服务质量等方面有明显优势。

三、我国铁路运输的发展

(一)旧中国铁路少、偏、低

1. 中国出现的第一条铁路

1876 年在上海修建的吴淞铁路,是中国第一条铁路。它是英国侵略者背着中国政府和人民,采用欺骗和蒙混的手段修建的。铁路沿线人民从一开始就反对洋人筑路,1876 年 7 月从上海至江湾一段通车营业后,发生了火车压死行人的事故,激起群众的愤慨,迫使英国侵略者同意,由清政府用 28.5 万两白银将铁路买回。然而当时的清政府根本没认识到铁路这种新式运输工具的优越性,反而拆毁了这条已经赎回的铁路。

2. 中国自己创办的第一条铁路

1881 年 11 月竣工建成的唐胥铁路(唐山至胥各庄)是中国自己创办的第一条铁路,全长 11km,耗银 11 万两。它是当时清朝政府为了解决开平矿务公司的煤炭运输问题而修建的。因清朝政府怕震惊了东陵的先王"神灵"而禁止使用机车牵引,铁路建成之后用骡马拖拉,被称为"马车铁路"。该铁路还曾用中国工人自己试制的龙号机车运输煤炭,后逐步发展成为现在的京沈(北京至沈阳)铁路。

3. 中国人自行设计、修建的第一条铁路

1909 年建成的京张(北京至张家口)铁路全长 201km,是第一条完全由中国人设计和修建的铁路干线。1905 年 10 月,京张铁路在我国杰出爱国工程师詹天佑的主持下正式动工,建设工程相当艰巨,需要开凿四座隧道,其中最长的八达岭隧道长达 109km,完全靠人工。而且这一带地势最陡,坡度最大,为解决这一难题、保证列车能安全越过山岭,在詹天佑的主持下,设计了"人"字形爬坡线路,解决了这一难题。京张铁路的修建历时 4 年,比原计划提前 2 年完工。京张铁路的建成有力地回击了洋人的"中国造此路之工程师尚未诞生"的狂言,开创了中国人自行设计、修建铁路的先河。

旧中国铁路具有浓厚的半封建半殖民地色彩。不仅铁路的分布极不合理,而且技术设备陈旧落后,旧中国铁路主要表现为少、偏、低三大特点。

(1)少:铁路的修建的里程太少,从 1876 年至 1949 年的 73 年间,总共只有铁路 2.18 万km(不包括台湾省铁路),机车 1700 多台,车辆 3 万多辆。

(2)偏:铁路分布不合理。当时,约占全国土地面积 15% 的东北和华北地区,铁路长度却占全国铁路总长的 65%;而占全国土地面积 60% 的西南和西北地区,只占全国铁路总长的 5.5%,有些省份甚至没有铁路。

(3)低:线路和技术装备的质量差、标准低。设备种类复杂、规格紊乱,机车类型有 120多种,钢轨类型达 130 多种;线路质量差,路基病害严重,约有 1/3 的车站没有信号机,自动闭塞的线路长度不到 2%,复线也只占 6%。

(二)新中国铁路运输位居骨干地位

1. 铁路建设

1949 年新中国成立以来,在铁路新线建设和原有铁路技术改造方面跨上了快车道,1995—2014 年我国铁路营业里程见表 10-2。1995 年底全国铁路营业里程为 6.24 万 km,到2014 年底达到 11.18 万 km。

我国 1995—2014 年各种交通运输线路长度　　　　　　　　　　　　表 10-2

年份(年)	铁路营业里程(万 km)	国家铁路电气化里程(万 km)	公路里程(万 km)	内河航道里程(万 km)	定期航班航线里程(万 km)	管道输油(气)里程(万 km)
1995	6.24	0.97	115.7	11.06	112.90	1.72
1996	6.49	1.01	118.58	11.08	116.65	1.93
1997	6.6	1.2	122.64	10.98	142.50	2.04
1998	6.64	1.3	127.85	11.03	150.58	2.31
1999	6.74	1.4	135.17	11.65	152.22	2.49
2000	6.87	1.49	167.98	11.93	150.29	2.47
2001	7.01	1.69	169.80	12.15	155.36	2.76
2002	7.19	1.74	176.52	12.16	163.77	2.98

续上表

年份(年)	铁路营业里程(万 km)	国家铁路电气化里程(万 km)	公路里程(万 km)	内河航道里程(万 km)	定期航班航线里程(万 km)	管道输油(气)里程(万 km)
2003	7.3	1.81	180.98	12.40	174.95	3.26
2004	7.44	1.86	187.07	12.33	204.94	3.82
2005	7.54	1.94	334.52	12.33	199.85	4.40
2006	7.71	2.34	345.70	12.34	211.35	4.81
2007	7.8	2.4	358.37	12.35	234.30	5.45
2008	7.97	2.5	373.02	12.28	246.18	5.83
2009	8.55	3.02	386.08	12.37	234.51	6.91
2010	9.12	3.27	400.82	12.42	276.51	7.85
2011	9.32	3.43	410.64	12.46	349.06	8.33
2012	9.76	3.55	423.75	12.50	328.01	9.16
2013	10.31	3.6	435.62	12.59	410.60	9.85
2014	11.18	3.69	446.39	12.63	463.72	10.57

注:1.2005年起公路里程包括村道。

2.2004年起内河航道里程为内河航道通航里程数。

3.2011年起民航航线里程改为定期航班航线里程。

20世纪80年代,是我国铁路建设事业在治理整顿和深化改革中开始奋进的时期。在此期间,新建的大秦(大同至秦皇岛)铁路全长653.2km,是我国第一条复线电气化开行重载运煤专用铁路。在我国南北铁路大动脉的京广线上修建了衡阳至广州线复线。其中修通了全长14km以上的大瑶山隧道,居世界双线隧道的第10位,为我国长隧道之冠,结束了我国不能修建10km以上的大隧道的历史,标志着我国隧道建设技术达到了世界先进水平。1989年在我国铁路网中赋有铁路心脏之称的郑州北站,建成了亚洲最大的铁路综合自动化编组站。它使我国铁路编组站迈进了世界先进行列。

进入20世纪90年代,我国铁路建设取得了举世瞩目的大发展。在此期间,重点铁路建设项目有兰新、浙赣、宝成复线;广深准高速铁路;京广、湘黔、成昆电气化;京发、南昆、宝中、侯月新线;北京西站等十余项国家重点铁路建设工程。

1995年,哈大电气化铁路动工,铁路全长为946.5km,于2001年全线开通,结束了我国东北没有电气化铁路的历史。

2001年6月29日,青藏铁路正式开工。青藏铁路东起青海西宁,南至西藏拉萨,全长1956km,其中海拔4000m以上的路段960km,多年冻土地段550km,翻越唐古拉山的铁路最高点海拔5072m,是世界上海拔最高、在冻土上路程最长、克服了世界级困难的高原铁路,被誉为"天路",是实施西部大开发战略的标志性工程,是中国新世纪四大工程之一。2005年10月12日,世界上海拔最高、线路最长的高原冻土铁路——青藏铁路铺轨全线贯通;10月15日,首批援藏物资通过青藏铁路运抵拉萨,这标志着西藏正式结束不通铁路的历史,也标志着我国所有省、市、区全部通上铁路。2006年7月1日,青藏铁路正式通车运营;2014年8

月15日,青藏铁路延伸线拉日铁路开通运营;2015年格拉段扩能改造。

我国铁路机车车辆工业实力雄厚。新中国成立后,于1952年制成第一台蒸汽机车。目前,国家铁路局直属工业企业不仅能制造一般客、货车辆和铁路专用设备,还能成批生产内燃机车、电力机车、地铁电动车组、电力动车组、大型货车等产品,特别是近几年来研制成功并生产了适合高速铁路和重载列车使用的大功率内燃和电力机车、单层和双层快速客车。2001年8月14日,由西南交通大学、株洲电力研究所和长春客车厂共同研制的我国第一辆磁悬浮列车下线,填补了国内该项技术的空白,是在世界上继德国、日本后第三个掌握这一技术的国家。中德合建的上海磁悬浮铁路于2004年1月1日运行,进入了商业化。2001年8月18日,哈大电气化铁路沈阳北至哈尔滨段开通,沈哈段全长为564km,由韶山4型电力机车牵引,结束了东北没有电气化铁路的历史,这条电气化铁路是我国铁路建设投资最大、技术含量高的跨世纪工程。

近年来我国铁路机车车辆数量见图10-3。从图中可以看出,我国电力机车得到了迅速的发展,其所占比重已经超过了内燃机车,蒸汽机车则完全被淘汰。2014年,我国拥有铁路机车19990辆、铁路客车58898辆、铁路货车710127辆。

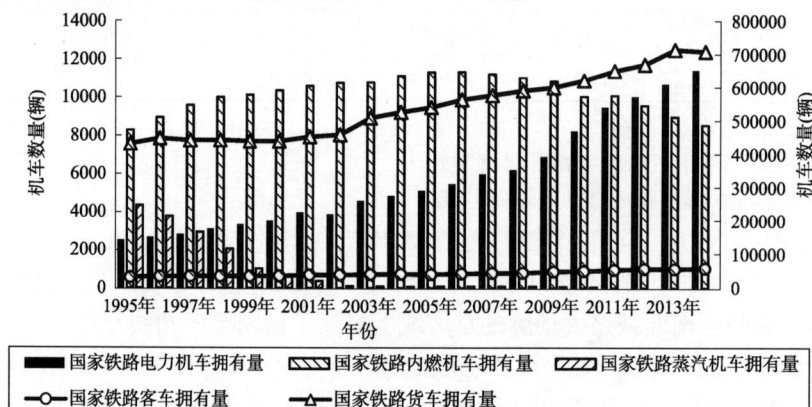

图10-3 1995—2014年我国铁路机车车辆数量
(注:柱状图参考左列数值,曲线图参考右列数值)

2. 铁路运输

随着各种运输方式的发展,彼此之间不断形成竞争态势,各种运输方式完成的客货运量和周转量情况见图10-4、图10-5,各种运输方式客货运输量比重变化情况见图10-6。

1995年铁路运输完成的运输量为:客运量为10.27亿人;旅客周转量为3545.70亿人·km;货运量为16.60亿t;货物周转量为13049.48亿t·km。2014年铁路运输完成的运输量为:客运量为23.57亿人;旅客周转量为11604.75亿人·km;货运量为38.13亿t;货物周转量为27530.19亿t·km。

受公路等运输方式发展的影响,铁路运输量在全社会运输量比重比过去明显下降。铁路运输客运量占全社会客运量1978年为32.1%;1995年为8.76%;2014年为10.67%。铁路运输旅客周转量占全社会旅客周转量:1978年为62.7%;1995年为39.39%;2014年为38.56%。铁路运输货运量占全社会货运量:1978年为44.2%;1995年为13.44%;2014年为8.69%。铁路运输货物周转量占全社会货物周转量:1978年为54.3%;1995年为36.34%,2014年为14.81%。

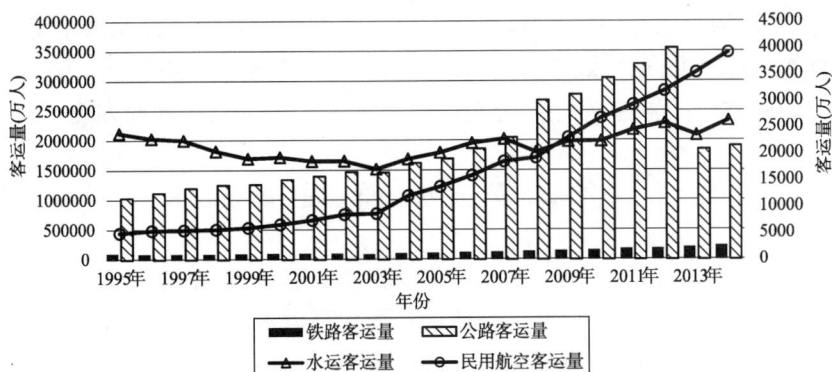

图 10-4 1995—2014 年我国各种运输方式完成的客运量

(注:柱状图参考左列数值,曲线图参考右列数值)

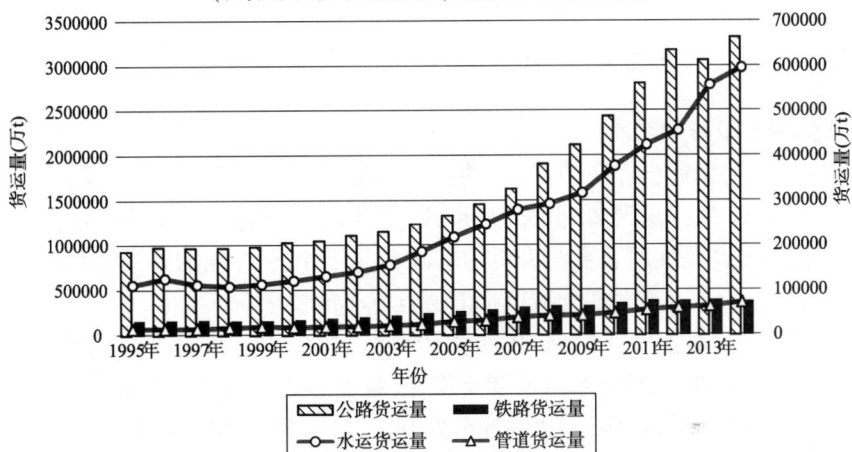

图 10-5 1995—2014 年我国各种运输方式完成的货运量

(注:柱状图参考左列数值,曲线图参考右列数值)

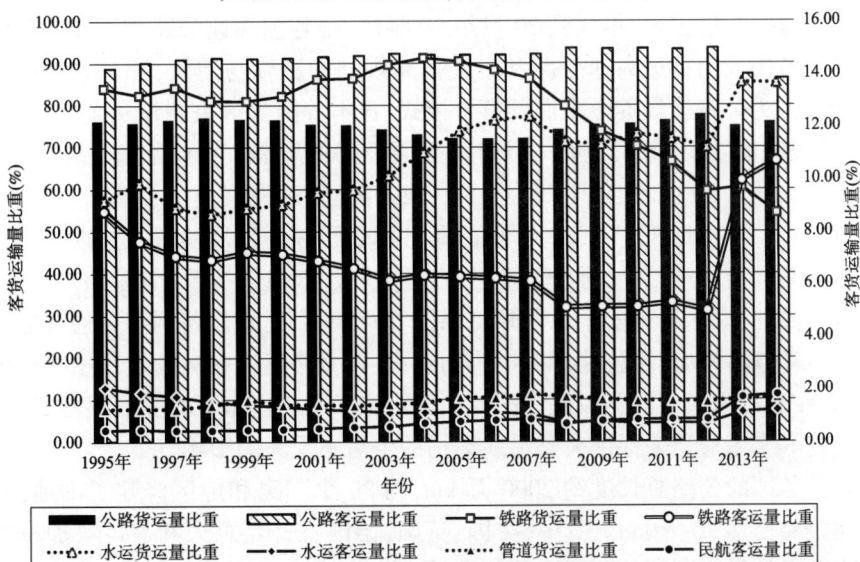

图 10-6 1995—2014 年我国各种运输方式客货运输量比重变化

(注:柱状图参考左列数值,曲线图参考右列数值)

面对激烈的市场竞争,铁路系统也在不断改善自己的服务,在全路采取了调整旅客列车结构,提高列车运行速度、运行效率,开行优质优价、夕发朝至列车等措施,为广大旅客提供了快捷、舒适的服务。目前,铁路已经全面开通了网络售票服务,极大地方便了旅客出行。

第二节 公路运输

公路运输在交通运输所占比重,与汽车普及程度成正比,汽车普及率越高,所占比重越高。在汽车没有得到大发展以前,世界交通运输结构是以水路运输和铁路运输为主。随着汽车的广泛普及和应用,公路运输所占比重逐步提高。公路的发展与汽车同步发展。

1932年,德国建成的波恩至科隆高速公路是世界上第一条高速公路。目前世界上有80多个国家建有高速公路。当今公路建设的重点,已逐步从增加数量转到提高公路等级上来。

一、发达国家公路运输的发展

(一)发达国家公路的发展

发达国家公路的发展已经历了三个发展阶段,现正处于第四个发展阶段。

第一阶段:从19世纪末到20世纪30年代,是各国公路的普及阶段。这期间随着汽车的大量使用,大多公路是在原有乡村大道的基础上,按照汽车行驶的要求进行改建与加铺路面,构成基本的道路网,达到大部分城市都能通行汽车的要求。

第二阶段:从20世纪30年代到20世纪50年代,是各国公路的改善阶段。这期间由于汽车保有量的迅速增加,公路交通需求增长很快,各国除进一步改善公路条件外,开始考虑城市间、地区间公路的有效连接,着手高速公路和干线公路的规划,英国、美国、德国、法国等国家都相继提出了以高速公路为主的干线公路发展规划,并通过立法,在从法律和资金来源等方面给予保障。

第三阶段:从20世纪50年代到20世纪80年代,是各国高速公路和干线公路高速发展阶段。这期间各国大力推进高速公路和干线公路规划的实施与建设,并基本形成以道路使用者税费体系作为公路建设资金来源的筹资模式,日本等国为解决建设资金不足等问题,还通过组建"建设公团"修建收费道路来促进高等级公路的发展。各国经过几十年的发展,已基本形成了以高速公路为骨架的干线公路网,为公路运输的发展奠定了基础。

第四阶段:从20世纪80年代末到现在,是各国公路综合发展阶段。这期间各国在已经建成发达的公路网络的基础上,维护改造已有的路桥设施和进一步完善公路网络系统,重点解决车流合理导向、车辆运行安全以及环境保护等问题,以提高公路网综合通行能力和服务水平。此外,各国还特别重视公路环保设施的建设,在公路建设和运营过程中对环境和生态进行保护,如在通过居民区的路段建设防噪墙等措施来减小汽车行驶噪音对居民生活影响,又如设置动物等专用通道来保证公路沿线动物的生活不受大的影响。

目前世界各国的公路总长度约2000万km,约80个国家和地区修建了高速公路,建成通车的高速公路已达20万km。其中,美国、英国、德国、法国、意大利、日本、加拿大和澳大利亚这些主要经济发达国家的公路里程约占世界公路总里程的55%、高速公路里程约占世界高速公路里程的80%。

(二)发达国家公路运输业的发展特点

1.公路运输行业少数规模很大的大企业与大量、分散的中小企业并存

国外发达国家在包裹运输、快件运输、零担运输以及城市间客运等方面都有全国甚至国际范围的企业集团,主导着相关行业的发展。这些全国甚至国际化的运输集团占据了当地绝大部分相关运输市场。而且少数大型企业规模仍逐步扩大,在上述诸领域越来越占据主导地位。

另一方面,公路运输市场的多样化为大量分散的中小企业提供了很大的经营空间,特别是在区域运输、中短途运输、货物整车运输以及客运旅游和专车或包车运输等方面,中小型企业由于机动灵活、一次性资本投入少、成本低等优势,仍发挥着十分重要和积极的作用。

2.公路运输进一步向着专业化方向发展

国外发达国家社会分工和运输需求进一步深化,促使公路运输市场细化,公路运输进一步向着专业化方向发展。许多汽车运输企业均按照专业化分工的要求建立起来,如专为搬家服务的搬家运输公司、专门运送汽车产品的汽车专运公司以及运输各类液体(油品、化工产品)和干散货的其他专运运输公司等。

3.汽车运输业正逐步向工商物流的全过程拓展

从广义上讲,物流是指产品经生产、流通到消费者的全过程,包括生产企业的原材料供应,生产过程中半成品的周转、成品制造,商品的分类、包装、储存、搬运、装卸、运输、发送,一直到消费者手中的各个环节。目前,在发达国家,工商企业物流活动社会化已成为发展趋势,越来越多的汽车运输企业从事各种物流社会化服务,以扩大市场、提高自身的经济效益。

4.逐步扩大与其他运输方式的多式联运

国外公路与其他运输方式的多式联运,大大提高了运输中转的装卸效率,减少了货物的在途时间等,是一种先进的生产方式,因此得到了广泛的发展。联运一般采用集装箱运输和载车运输两种形式。

5.运输组织与管理方法先进

在发达国家,大中型汽车运输企业为提高服务质量和管理水平,广泛采用了现代化通信技术和计算机技术作为运输组织和管理的手段,以提高工作效率和决策的科学性。

二、我国公路运输的发展

(一)旧中国的公路运输

100多年前,中国没有汽车,也没有公路。

1901年,在中国开始出现汽车。

1906年,修建了由广西镇南关到龙洲间只有几十千米的公路。直到1913年才在湖南省长沙至湘潭间开始真正按照一定标准修建公路。此后,我国各地先后建设公路。但是,由于当时经济落后和战乱的影响,公路建设非常缓慢。

上海从1911年开始出现出租汽车。最早成立的出租汽车公司有平治门汽车部、享茂汽车行、东方汽车公司和中央汽车公司,但多是为洋人服务的。

1918年10月10日,商人景学龄、张祖荫等5人在河北省张家口成立了大成张库汽车公司,开始了张家口至库伦(今乌兰把托)间的长途汽车营运,后延伸至恰克图与西伯利亚铁路衔接。这是我国第一个长途汽车运输公司和我国铁路、公路联运的开端。

旧中国公路运输的状况可概括为"缺车少路"。到新中国建立前夕,民用汽车保有量为5.1万辆,全国能通汽车的公路只有8.07万 km。

(二)新中国的公路运输

新中国成立后,尤其在1978年我国改革开放以来,我国公路运输发生了巨大变化。

1.汽车年产量、保有量大幅增加,构成比重变化较大

1978年底,我国汽车年产量为14.9万辆;1998年底,我国汽车年产量为163万辆;2014年底,我国汽车年产量为2372.52万辆,连续六年位居世界产销量第一位。

1978年底,我国民用汽车保有量为135.8万辆;1995年底,我国民用汽车保有量为1040万辆;2014年底,我国民用汽车保有量为14598.11万辆。

长期以来,我国汽车生产处于以中型载货汽车为主、缺重少轻、轿车近于空白的局面。20世纪90年代初期,货车、客车、轿车之比为7∶2∶1。而近年来,汽车构成比例彻底改变了过去的局面。1997—2000年连续四年的货车、客车、轿车之比基本为4∶3∶3。2014年,货车、客车、轿车之比基本为2∶1∶7,与20世纪90年代相比,几乎发生了反转,充分反映了最近十多年来私人用车的快速发展。

2.公路里程显著增加,高速公路快速发展

1949年,我国公路通车里程为8.07万 km;1978年,我国公路通车里程为89.02万 km;2000年,我国公路通车里程为167.98万 km,为1949年的20.8倍,为1978年的1.9倍;2014年,我国公路通车里程达到446.39万 km,其中等级公路占87.4%。

1988年10月31日,我国第一条高速公路——上海至嘉定高速公路建成通车。此后,我国高速公路建设迅速发展。2000年底,我国高速公路通车里程达到1.63万 km,居世界第三位(第一位是美国,第二位是加拿大)。2014年底,我国高速公路通车里程达到11.19万 km,超越了美国的9.2万 km,位居世界第一。1995—2014年我国公路建设通车里程见图10-7。

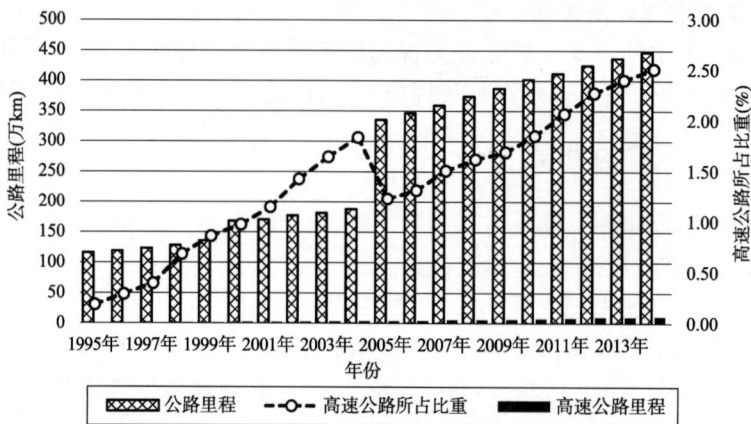

图10-7 1995—2014年我国公路建设通车里程

3.公路运输量不断增长

各种运输方式完成的客货运量和周转量情况见前图10-4、图10-5。1995年公路运输完

成的运输量:客运量为 104.1 亿人;旅客周转量为 4603.10 亿人·km;货运量为 94.0 亿 t;货物周转量为 4694.9 亿 t·km。

2014 年公路运输完成的运输量:客运量为 190.82 亿人次;旅客周转量为 12084.1 亿人·km;货运量为 333.3 亿 t;货物周转量为 61016.6 亿 t·km。

随着互联网的发展以及物流业的飞速发展,公路运输步入了前所未有的大发展阶段,公路条件显著改善,公路运输车辆的性能也有很大提高。公路运输在五种运输方式中显示出强劲的发展势头,促进了综合交通运输体系的调整和运输服务水平的不断提高。

第三节 水路运输

水路运输历史悠久。它是利用江湖河海的水上通道,以船舶为交通工具来实现旅客和货物的位移。

一、世界水路运输的发展

(一)水路运输曾居于优势地位

在最早的运输史三次革命中,水路运输都占一席之地。车和船的发明,使运输进入新的发展阶段,成为运输史第一次革命。在 600 年前,爆发了以远程三桅帆为标志的第二次运输革命。两次运输革命的发生,使得交通运输有了长足的发展,同时也给社会经济带来了巨大的变化,但运输工具的动力还仅局限于畜力和风力。从 19 世纪初开始,蒸汽机相继用于船舶和火车上,以机械动力运用为代表的现代运输开始了,并直接导致了产业革命。世界上第一艘蒸汽船克莱蒙特号于 1807 年在纽约哈德逊河下水,英国斯托克顿至达林顿第一条铁路于 1825 年通车,宣告了第三次运输革命的到来。马克思称"分工,水力,特别是蒸汽动力的利用,机器的应用,这就是 19 世纪中叶引起工业用来震撼旧世界基础的三个伟大杠杆。"

纵观交通运输发展史,在历史上的各个阶段,虽然有所侧重,但都是几种运输方式并存,没有单纯使用某一种运输方式的先例。然而,从世界范围内交通运输发展的侧重点和起主导作用的角度考察,却可以将整个交通运输的发展以某种运输方式为标志划分为四个阶段,即水路运输阶段,铁路运输阶段,公路、航空和管道运输阶段以及综合运输阶段。

其中,第一个就是水路运输阶段。水路运输既是一种古老的运输方式,又是一种现代化的运输方式。在出现铁路以前,水路运输同以人力、畜力为动力的陆上运输工具相比,在运输能力、运输成本和方便程度等方面,都处于优势的地位。因此,资本主义国家早期的工业大多沿通航水道设厂。在历史上,水路运输的发展对工业布局影响很大。在水路运输中,海上运输还具有独特的地位。由于地理因素的关系,跨洋的海上运输几乎是不能被其他运输方式所替代的。所有这些因素都使水路运输在运输业的早期发展阶段起主导作用,因而成为这个阶段的标志。

(二)船舶航行进入了机器推进的新时代

根据船舶动力的发展,可将船舶发展划分为桨船时代、帆船时代和机械动力时代。

原始社会的人类,大多居住在有水的地方,如果没有水上交通工具,人们将无法生活。于是,古人对船只充满了美好的想往。

在劳动和生活实践中,人类逐渐认识到树干、葫芦、皮囊的漂浮性。于是出现了原木、腰丹、皮筏等渡水工具。此后,又刳木为舟,终于造出了独木舟。独木舟具有木板船的雏形,也是人类历史上最早的船。

风帆的发明是人类水运史上的伟大成就,帆船时代持续了300多年。

1807年8月17日,美国机械工程师罗伯特·富尔顿试制的克莱蒙特号蒸汽船宣告成功。这艘航行在纽约哈德逊河上的"白天吐烟、夜间喷火"的怪物,把一艘艘帆船远远地甩在后头。克莱蒙特号蒸汽船的诞生,揭开了一个崭新的机动船舶时代的序幕。

早期的蒸汽船由船舷或船尾的叶轮旋转推动。这种叶轮很大,而且明显地暴露在水面。因此,人们把这种装有明轮推进器的蒸汽船称为轮船。后来螺旋桨虽然取代了明轮,但人们对轮船的习惯称呼一直沿用到现在。

早期的轮船外观奇特。说它是轮船,它却有桨和帆;说它是帆船,它又有蒸汽船应有的一切设备。有人说,双重动力装置是木帆船向轮船过渡的必然。因为当时轮船不大,保留桨帆,可以尽量利用风力,可以适当减少储备燃料等的舱容,有利于增加营运收入。1819年,萨凡那号轮船从美国纽约出发,首次横渡大西洋,到达英国利物浦。在27个昼夜航行中,蒸汽机只工作了85小时,绝大部分航程依靠风力推进。这种机帆双全的状况一直持续到19世纪初叶。

后来,蒸汽船开始采用螺旋桨推进。第一个发现螺旋桨作用的人是瑞典的伯努利。1752年的一天,他在用螺丝钉钻木板时想到:利用这个原理推动船舶航行,该多好啊!由于当时没有动力机械,直到船用蒸汽机的出现,伯努利几十年前的设想才得到实现。螺旋桨每一个叶片相当于一支橹,而产生的综合推力远远大于橹。1838年,英国人斯密斯研制出第一艘用于试验的阿基米德号螺旋桨远洋轮船,当它拖着长尾巴的螺杆试航时,航速约为4kn(约2.06m/s,1kn≈0.5144m/s)。但当螺杆被水中障碍物碰断后,船不但能继续航行,而且行驶得更快,航速达到13kn(约6.69m/s)。

不久,明轮推进方式的船舶和螺旋桨推进方式的船舶孰快孰慢的较量在英国海军中展开。1845年,英国海军组织了一场有趣的海上拉力赛。响尾蛇号巡洋舰由螺旋桨推进,而阿莱克特号轮船由明轮推进,两艘舰船吨位、蒸汽机功率均相同。舰船的尾部系在同一根钢索上,向相反方向航行,看谁能拉动谁。结果响尾蛇号巡洋舰战胜了阿莱克特号轮船。从此以后,明轮逐渐销声匿迹。

1834年,一场飓风夹带着暴雨侵袭英国。许多木船被汹涌海涛摧毁,唯独一艘铁体轮船加里·欧文号安然无恙。铁体船明显的优越性,使其从1850年到1880年风靡欧美。

1880年以后,铁体船被钢体船取代,螺旋桨推进装置被普遍应用,特别是柴油机的出现,加快了水路运输现代化的进程。

(三)多种多样的水路运输工具

1. 客船

客船可称为浮动的家庭。1912年泰坦尼克号下水时,是当时最大、最豪华的客船。船上各种设施和物品应有尽有,就是三等舱也相当豪华。从那时起,客船就逐步用于海上旅游。

现在旅游客船越来越多,越造越大,越建越豪华。日本旅游公司拥有六艘四星级、五星级标准的2.5万~5万t级的巨型客轮。德国克劳斯特集团公司拥有一艘称为世界城市的巨型客船,耗资 20 亿马克,可运载 5000 名旅客。

2. 货船

货船又称货轮,能把货物从一个港口运到另一个港口。由于货船运载的货物沉重,所以货船的船体通常十分坚固。船体内有许多巨大的货舱用来装载货物,在它的甲板上通常设有起重机和吊杆,用来装卸货物。大多数货船的船员住舱设在船的中部。

3. 集装箱船

1956 年 4 月,美国将一艘油船改装成集装箱运输船,把大小不同的货物预先装在一个标准的长方形箱子里,实行水陆联运。仅几十年的时间,集装箱船的载质能力从开始的 7700t 发展到现在的 5 万 t,航速由原来的 16kn(约 8.2m/s)提高到 30kn(约 15.4m/s)左右。特大型集装箱船可载 6000 多个标准集装箱,横渡大西洋只需 4 天。

4. 顶推船

顶推船队由作为船队动力队部分的推船和用以装载货物的驳船组成,这两部分可以灵活组合和分解。当船队到达目的港或驳船装卸货物时,推船可用来顶推别的驳船或从事其他作业。顶推运输于 19 世纪出现在美国密西西比河,第二次世界大战后得到了发展。

5. 油船

油船是用来运输原油和成品油的。19 世纪 80 年代,现代油船诞生,而大型油船出现,于 20 世纪 50 年代。目前,在海上运输船队中,油船队是世界商船队中最庞大的一支船队,约占世界商船总量的 45.5%。油船超大型化发展也非常迅速,最大装载质量达 55 万 t 级。

6. 气垫船

气垫船是一种表面效应器。它是利用大功率鼓风机将空气充入船体外底部的气室,在船底和水面间形成气垫,使船底全部或部分垫升,以达到减小阻力和提高航速的目的。

气垫船是英国工程师科克莱尔发明的。他通过实验证实,以家用吹风机为动力,能使铁罐船模在空气压缩后腾空。利用这个原理,通过将船体喷向水面的空气形成气垫,就能把整个船体托起。5 年后,科克莱尔获得气垫船专利权。1959 年 7 月,由英国政府部门拨款建造的世界上第一艘气垫船"SR – N1"顺利航行通过英吉利海峡。该船全长 91m,宽 7.3m,自身质量 4.5t,航速达到 45km/h。

7. 水翼船

水翼船与其他船舶不同之处,是在船的底部装了两副水翼,船舶航行时,水流经过水翼,由于上下流速不同产生的升力,可把船体向上托起。由于船速与升力成正比,船速越快,升力就越大,最终能把船体全部托出水面。这时,对船舶来说,水的阻力已大大降低,航速也就自然提高了。

最先绘制出水翼船蓝图的人是法国人拉米斯。

1906 年,意大利人福拉尼尼在一艘小艇上安装了 4 个水翼,在瑞士玛几奥尔湖上试航,航速由 38kn(约 19.5m/s)提高到 48kn(约 24.7m/s),这种水翼船被当地人称为怪物。

1907—1908 年,美国人别尔与加拿大人鲍尔特温合作研制了一艘水翼船,航速达到 60kn(约 30.9m/s)以上,创造了当时船舶航速的世界纪录。

第二次世界大战后,英国人胡克对水翼船作了进一步改进。从 20 世纪 50 年代起,意大利开始大量建造水翼船,美国和苏联也研制了大型军用和民用水翼船。

（四）水路运输新技术

船舶是一种复杂的水上工程建筑物。庞大的船体结构,必须具有足够的强度、刚度和稳定性;现代化的大功率动力装置和良好的耐波性,使船舶在恶劣的海况下能保持正常航行;自动化操纵装置和卫星导航系统,为船舶安全驾驶提供了可靠的手段;豪华并富有艺术性的装饰,为旅客和船员营造一个舒适的生活和工作环境。所有这一切都要依靠技术进步来实现。

1.机舱自动化

伴随柴油机、汽轮机和燃气轮机等先进的船舶动力装置的应用,许多微机控制的检测装置已进入机舱,机舱自动化程度越来越高,由简单的单元自动化设备向集中自动控制系统方向发展。

2.综合节能装置

船舶节能是当今世界各国十分重视的一个问题。20世纪70年代以来,围绕减少船舶阻力、减轻船舶自身质量、扩大船舶装载质量以及提高船舶推进效率等诸方面开发了一系列节能新技术,其主要有以下几方面。

(1)开发节能线形船体。良好的船体线形,不但能减小船舶航行时的阻力,同时能取得较好的综合节能效果。双尾形船由于采用了两个细长的片状尾体,航行时可使水流畅通,既可避免尾部水流的流线分离,降低黏压阻力和兴波阻力,还改善了螺旋桨的工作条件,提高了推进效率。近年来出现的以扩大载质量为目标的浅水肥大形船,由于船体线形、船舶主机和螺旋桨三者通过优化设计而实现圆满匹配,综合节能效果也比较显著。

(2)采用高效推进器。船舶推进器种类很多,使用最广泛的是螺旋桨推进器。目前喷水推进器也开始采用,它由进水口、喷水泵和可转动的喷水口组成,与螺旋桨推进器相比具有明显优势。

(3)现代风帆助动船出现。能源危机发生以后,船舶风力利用再度受到重视。日本首先推出了现代风帆助推船,采用硬质筒形风帆,由计算机控制它的伸张幅度和旋转角度,取得了理想的风力利用效果。不过,其与法国的涡轮帆和英国的多翼帆还有差距。

(4)低油耗船用柴油机受人青睐。世界海洋运输船舶采用的动力装置,主要有柴油机、汽轮机和燃气轮机,其中以柴油机最为受人青睐。目前,许多新型柴油机相继问世,形成了高速、中速和低速柴油机三大类型。柴油机之所以能够迅速发展,主要因为它具有热效率高、转速和功率范围宽、燃油消耗率低等优点。

3.信息技术

在水路运输方面,现代信息技术具有更加重要的意义。

(1)电子商务和电子数据交换技术(EDI)技术。目前,在计算机管理信息技术的基础上,大力推广和普及EDI,使水运管理信息系统的功能和网络进一步扩大到货主、保险、银行、商检、海关、外贸、货运代理以及其他有关业务部门,实现网上电子商务。条形码、集装箱与EDI已被公认为是国际贸易手段中最重要、最基本的三大技术。

电子商务是互联网与传统商务的结合,是水运EDI发展的最终目标。电子商务正在改变传统的交易方式,在一定程度上代表着未来商务与贸易发展的方向。

(2)航行安全保障系统。现代海上安全保障工作日益受到世界各国的普遍关注,为此国际上制定了越来越多的海上安全技术措施,其包括:发展现代化的航标系统和高精度的全球全天候船舶导航定位系统,为船舶航行提供新的安全保障;建立不同技术管理层次的船舶交通管理系统,以保障辖区过往的船舶的交通安全;发展全球海上遇险与安全系统,最大限度地保护海上生命财产安全;发展船与船之间、船与岸之间的数据通信和信息处理技术等。

世界航行安全保障技术的发展:一是采用先进的技术手段,控制和预防海上交通事故的发生;二是采用现代搜救技术及时对各种海难事件进行救援。

(3)互联网技术。随着计算机使用的日益普及,Internet 技术悄然兴起,被称为继报刊、广播、电视之后的四大传媒之一。国外远洋运输公司和港口企业利用 Internet,现阶段主要有以下几种方式:①申请域名,建立主页;②网上交易;③网上信息查询;④利用 Internet 进行内部管理,降低企业运营成本。

4.环境和可持续发展

水运环保重点是解决船舶运输对海洋、港口水域的污染问题,以及海上溢油应急反应、水质、水处理、生态等环境问题。

世界航运业的发展给环境带来了危害,其中污染量最大、危害最严重的是油污染。鉴于船舶事故溢油危害巨大,对突发性大面积溢油的防治措施便成为各国的研究重点,是船舶防污染中发展最快、术最先进的领域。许多国家建立了溢油事故监视与报警系统,建立了港区定点和船舶、飞机巡回监视网络。广泛应用测试雷达、红外/紫外线扫描等遥感技术。一旦事故发生,采用溢油应急措施。

二、我国水路运输的发展

(一)旧中国的水路运输

中国是一个水运资源丰富的国家。东临太平洋,拥有渤海、黄海、东海和南海四大海域,海岸线长达约 18000km。内陆河流除长江、黄河、黑龙江和珠江水系外,还有横贯豫南、皖北的淮河和纵穿冀、鲁、苏、浙四省的京杭大运河,河道总长度超过 43 万 km。在辽阔的大地上,大小不等的湖泊星罗棋布。丰富的水运资源,为历代发展水路运输提供了优越的自然条件。

1.一度辉煌的古代中国水运

聪明的古代中国人不仅在内陆交通运输方面居于领先地位,而且还善于造船和航海。我们的祖先在远古时就活跃于西太平洋水域。在汉朝时,汉使节就已出现于印度洋上。早在新石器时代中期,我们的祖先就已掌握了造船技术,并把其所创造的彩陶文化与黑陶文化,由大陆漂洋过海传到附近岛屿。

隋唐时期,古代交通进入鼎盛时期。隋代完成的贯穿南北的大运河工程,揭开了中国内河运输史上新的一页。运河和长城一样,是中华民族古代物质文明和精神文明的象征。大运河于公元 584 年开始修建,历时 26 年。大运河北起北京,南到杭州,全长 1794km,比现在的苏伊士运河长 10 多倍。在古代船舶中,豪华游船并不少见。隋炀帝杨广从洛阳游幸江都,乘坐的游船称龙舟,长 67m,高 15m,有四层,上层有正殿、内殿和东西朝房,中间两层共有舱房 120 间,十分富丽堂皇。

盛唐时期,海上贸易逐渐发展起来,开辟了"海上丝绸之路"。

出土文物雄辩地证明,早在西汉时期,我国造船技术就已属于当时世界上第一流水平。宋代建造了当时世界上最大的船,宋代采用指南针导航是航海史上的一次革命。公元12世纪的一艘中国船比哥伦布出航的3艘船加起来的吨位还要大4倍。

世界航海史上的一大壮举,发生在1405—1433年(明代永乐年间),中国明朝宦官、航海家郑和率领了一支2万多人和200多艘宝船组成的庞大船队七下西洋,遍访东南亚、南亚和东非30多个国家,前后历时28年。据文献介绍,郑和宝船长约152m,宽约62m,装载质量在1500t以上,航行时张12张帆。郑和下西洋以"更"和"针位"配合罗盘航行。

2. 明清以后的旧中国水路运输陷于落后境地

明清时期,我国古代交通日趋衰落。由于频繁出现海盗、倭寇,以及日本于1573—1620年入侵中国和朝鲜半岛,给两国造成了严重损失,迫使明朝政府厉行海禁,"寸板不许下海,寸货不许入番",这对海上交通是一沉重打击。尤其到了清朝,航海事业更是一蹶不振。1840年,英帝国主义发动了侵略战争。1842年中英签订了不平等的《南京条约》,迫使中国割让香港,开放广州、福州、厦门、宁波、上海5处通商口岸,控制了我国东南沿海的海上运输,从此中国丧失了海上航行权和海关自主权。接着外国侵略者又通过一系列不平等条约,攫取了中国海上和内河航行权,并在中国开办了航运业。

我国最早的轮船公司是清朝封建官僚于1872年创办的"招商局",由官僚资本所控制。它使用的船舶都是从外国购买的旧轮船,数量少、质量差。在1882年各通商口岸进港的轮船吨位中,本国轮船仅占29%,而各帝国主义国家的船舶却占71%。直到1890年才出现了由民族资本经营的私营轮船公司。1895—1937年期间,中国内河航运发展十分缓慢。航道港口都处于自然状态,装卸设备十分落后,船舶的质量也很差。

1937年,日本帝国主义向中国发动全面武装侵略,蚕食了所有沿海港口和绝大部分内河港口。国民党政府将近90艘、11万总吨的船舶凿沉于长江的江阴、镇江、乌龙山、马当航道和沿海的连云港、镇海、闽江口、珠江口等水域;另有130余艘船舶则根据《非常时期轮船转移外籍办法》改悬外国旗,航行海外。

抗日战争胜利后,我国水运事业一度复苏,运输船舶数量增加。截至1948年10月,在航政机构登记的大型轮船公司有116家,注册船舶3830艘、116万t。但是,随着国民党军队节节败退,亟待修复的港口、航道和船厂等基础设施又遭破坏。国民党政府撤离大陆时,曾把官办、民营航业中86%以上的大型海轮和部分江轮劫往台湾、香港,或疏散至南洋,对来不及撤走的船舶,或凿沉,或炸毁。中国水运事业再次惨遭浩劫。大陆解放时,人民解放军在各海港城市接管的全部江海轮船只有原来的10%,仅12万总吨,而且大都是不能出海的小船。所以1949年中华人民共和国成立时,中国水运事业基础是十分薄弱的。

(二)新中国的水路运输

1. 内河航道落后面貌得到了明显改善

新中国成立后,国家对内河航道进行了大规模整治,提高了通航能力。2000年我国内河航道里程为11.93万km,是1949年的1.5倍。2011年,我国可通航千吨级船舶的三级及以上高等级航道超过9085km,大水运大航道格局已初步形成,全国内河航道面貌发生了历史性的深刻变化,取得了令人瞩目的成就。截至2013年,内河航道里程达到12.59万km,承运能力也发生了质的变化。

"九五"期间我国内河航运建设投资近200亿元;"十二五"期间,中国加大资金投入力度,全国内河水运建设投资约2000亿元,是"十一五"期间的2倍。2015年,中国内河高等级航道达标里程较2010年增加约3000km,港口吞吐能力增加13亿吨,船舶平均吨位提高67%。

2. 港口建设取得了新进展

"十五"期间,全国沿海港口(含长江南京以下港口)共新增千吨级以上生产性泊位583个,其中深水泊位344个,新增吞吐能力10.4亿t,五年新增吞吐能力占总能力的40%。

2014年,全国沿海港口新增泊位数量大幅增加,新增产能创历史巅峰。合计净增生产性泊位217个,其中深水泊位119个。净增通过能力6.43亿t,新增固定资产1041亿元。2015年沿海港口合计净增生产性泊位155个,同比减少30%。净增深水泊位118个,同比减少1个;净增通过能力4.8亿t,同比减少25.4%;新增固定资产815亿元,同比减少21.7%。2015年是新世纪以来沿海港口产能供给规模压缩最大的年份。

截至2015年底:沿海港口拥有生产性泊位超过7000个,其中万吨级以上深水泊位超过2300个;总通过能力超过85亿t,其中集装箱通过能力超过1.9亿TEU。如今的中国,已经成为世界港口大国,随着沿海港口产能规模跃上新台阶,应进一步增强运输需求波动的弹性。

3. 造船业迅速发展

从20世纪60年代开始,我国开始大规模建造现代化船舶,生产出第一批万吨级远洋货轮。

20世纪70年代,计算机的广泛应用促进了造船技术的发展。我国建造了相当数量的各种类型和各种用途的大型船舶。

20世纪80年代,中国造船业又有了突破性进展,大量建造了全集装箱船、多用途船、大型穿梭油船、化学品/成品油船、海洋救助船等。这些船舶不仅种类多、吨位大,而且可靠性和智能化都有较大的提高,从这时起我国开始为欧、美和东南亚一些国家和地区承建多种类型船舶,其装备和建造技术都达到了世界先进水平。

进入20世纪90年代以后,随着现代信息技术的发展,我国造船业的发展更是一日千里,除了各种近海的机动渔船外,我国已能建造现代化的大、中型的远洋渔船。船上装有现代化的导航、通信、捕鱼、加工等仪器和装备。在世界造船领域扮演着重要角色。

近年来,我国造船业持续快速增长,据统计,2006年全国造船完工量1452万载重吨,同比增长20%,新承接船舶订单4251万载重吨,同比增长150%,2007年中国民用船舶新接订单7000万载重吨,超过韩国,晋升全球第一。2015年1至11月,全国造船完工3620万载重吨。

最近几年,我国造船业产能不断调整,目前产能已经由8000万载重吨下降至约6500万载重吨,据工业和信息化部预测,"十三五"期间全球新船年均需求约在8000万至9000万载重吨。这意味着,仅中国的造船产能就可满足全球绝大部分的需求,而目前国内已有超过40%的造船产能在闲置。未来,我国造船业需要积极面对产业结构性矛盾,进行深度调整和转型,不断化解造船产能过剩的负面影响。

4. 水路运输结构调整展现新面貌

改革开放以来,我国经济社会发展取得了举世瞩目的成就,经济总量持续高速增长。国民经济(特别是外向型经济)持续高速增长,为我国港口发展提供了源源不断的强大动力。开创了港口发展的新局面,我国已初步形成了布局合理、门类齐全、配套设施完善、现代化程度较高的港口集装箱运输体系。我国港口集装箱码头的软硬件设施已经步入世界一流水平,基础设施建设不断向专业化、大型化发展,港口装卸技术和效率方面也走在了世界前列。为我国从海运大国向海运强国迈进奠定了坚实的基础。

为适应国际海运贸易和航运市场的发展,海上国际集装箱运输迅速崛起。自20世纪80年代中期中国开展国际集装箱班轮运输以来,吞吐量连续十几年保持着20%以上的增长速度。

目前,我国已形成布局合理、层次分明、功能齐全、河海兼顾、内外开放的港口体系,建立了主要港口、地区性重要港口和其他一般港口三个层次的港口,形成了规模庞大并相对集中的港口群。在长江、珠江、黑龙江、淮河水系和京杭运河形成了绵延的沿岸港口带。以集装箱、煤炭、矿石、油品、粮食五大货种和客运为重点,构架了具有我国特色的水路客货港口运输装卸系统。

5. 水路运输货物周转量比重占优势地位

1995年水路运输完成的运输量为:客运量为2.39亿人;旅客周转量为171.80亿人·km;货运量为11.32亿t;货物周转量为17552.20亿t·km。

2005年水路运输完成的运输量为:客运量为2.02亿人;旅客周转量为67.77亿人·km;货运量为21.96亿t;货物周转量为49672.30亿t·km。

2014年水路运输完成的运输量为:客运量为2.63亿人;旅客周转量为74.34亿人·km;货运量为59.83亿t;货物周转量为92774.56亿t·km。

近年来水路运输量不断增长,尤其是货物周转量显著提高:1978年水路运输货物周转量占全社会货物周转量38.5%,1995年为48.88%,2005年为61.89%,2014年为49.92%。从1995年开始,货物周转量基本约占一半,由此进一步说明了水路运输装载质量大、运距长的优势。

第四节　航空运输

在近代交通运输业中,一种先进的运输方式就是航空运输。航空运输速度最快,远涉重洋,特别是在"时间就是金钱"的快工作节奏下的今天,更为人们所青睐。世界航空运输业产生于19世纪末,在20世纪得到了迅速的发展。航空运输的出现,加速了人类现代化的进程,扩大了人类生存的视野和空间,对于发展现代的宇航技术具有深远的意义。

一、世界航空运输的发展

(一)飞机的诞生

自古以来,人类就怀有一种凌云之梦。为了实现翱翔蓝天的理想,人类曾进行过无数次试验,很多国家的文明史中都有关于各种各样飞行器的描述。我国古代的科学家和能工巧匠也一直在探索飞行原理(如制作人工翼、木鸟、降落伞、滑翔机、气球等飞行物),并进行了许多飞行试验。

1783 年 11 月 21 日,在巴黎一个公园的广场上,一只装饰优美的热气球充满了麦秸熏起的烟气在人们的欢呼声中袅袅升起,达到了 88m 的高度。这就是蒙哥尔菲兄弟制造的热气球(见图 10-8)。这次气球载人升空的成功极大地激发了人们探索飞行的热情。

1903 年 12 月 17 日,美国人威尔伯·莱特(1867—1912 年)和奥维尔·莱特(1871—1948 年)兄弟在北加利福尼亚基蒂霍克第一次驾机飞行成功。这就是世界上诞生的第一架"飞行者 1 号"飞机(见图 10-9)。这预示着人类航空时代的到来!

图 10-8 蒙哥尔菲兄弟发明的热气球

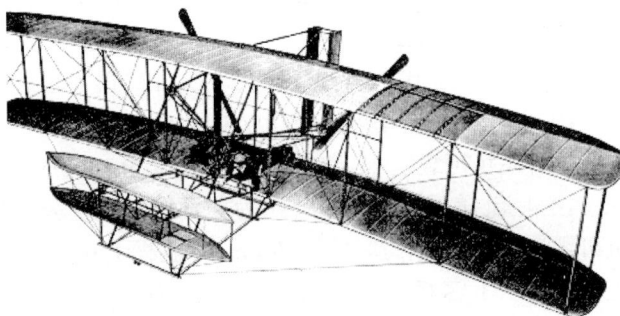

图 10-9 莱特兄弟制造成功的第一架飞机

在莱特兄弟发明飞机的前后,欧美飞行家制造出过各式各样的飞机,其中比较著名的有桑托·杜蒙制造的蜻蜓号超轻型飞机、瓦赞制造的箱式风筝飞机、马克西姆制造的大型蒸汽动力飞机等,尽管有的成功、有的失败,但是从中可以看到早期飞机设计师们锲而不舍的创造精神。

(二)航空运输的发展

1. 航空运输的分类

国际上一般把航空运输分为两大类,即运输航空和通用航空。凡不属于经营航空运输的都是通用航空。通用航空一般是指专门从事农业、林业、航测、医疗救护、气象探测以及航空体育等方面的专业飞行。

2. 民用航空的起步

1919 年 3 月 22 日,法国开办巴黎与布鲁塞尔间的第一条民用客机航线。

第一次世界大战结束后,许多军用飞机改装为民用飞机,用来运输旅客、邮件和货物。20 世纪 20 年代前后,一些航空公司的定期邮政班机和客运班机已经飞翔在芝加哥、巴黎、纽约、伦敦以及布鲁塞尔等地上空。这些改装后的飞机设备简陋,飞行性能低下,安全性和舒适性都很不理想。1919 年,法国的布雷盖 Br-14T 战斗机被改装成客机,航程为 460km,可载运 2 名乘客,飞行速度可达 125km/h。1920 年,法国的贝莱里奥斯佩德战斗机被改装成斯佩德 33 客机,可载运 6 名乘客,航程达到 400km。1919 年,德国将容克斯军用飞机改造成容克斯 F-13 客机,可载运 4 人,航程达到 550km,飞行速度为 140km/h。

在军用飞机改装民用飞机性能都不理想的背景下,美国、英国、德国、法国等国家的飞机制造厂家开始研制民用运输机。继 1932 年德国容克斯 52 客机问世之后,1933 年美国波音 247 客机投入航线飞行。波音 247 客机装有 2 台活塞式发动机,可载运 10 人,被视为现代客机的标志。现在美国波音公司为世界最大的飞机制造公司。

威廉·波音(1881—1956 年)是波音飞机的设计师和波音公司的创始人,他于 1881 年 10 月 1 日出生于美国密歇根州底特律富豪之家,8 岁时父亲病故,留下一大笔遗产,但他没有坐享其成,决心凭借自己的力量在航空领域另创家业。1916 年 6 月,他和别人合作制造了两架水上飞机。第二年,他自己设计制造出第一架水上飞机,取名波音 1 号。在两次世界大战中,他所从事的航空事业得到蓬勃发展。他去世后,公司继承了他创办航空事业的传统,推出第一流的客机、轰炸机和各种超音速飞机,并且都以波音的名字命名。

3. 远程客机问世

20 世纪 40 年代中期,航程约 2400km 的远程客机问世,开始在英美的航线上飞行。

1931 年,英国帝国航空公司购买了 8 架英国亨利·佩奇 HP-42 双翼客机,有 4 个发动机。这种飞机可载运 24 ~ 40 人,飞行速度为 160km/h。

1934 年,美国道格拉斯公司为美国环球航空公司制造了 DC-1 和 DC-2 客机。DC-2 客机可载运 14 人,飞行速度为 270km/h,航程 1200km。1936 年,道格拉斯公司又推出了功率更大的 DC-3 客机。它可载运 21 人(最后达到 32 人),飞行速度为 290km/h,航程达 2080km。DC-3 客机共生产了 1 万架。

4. 迈入喷气飞机时代

自从美国莱特兄弟的飞机装上活塞式发动机飞行成功以来,只不过九十多年的历史。这期间航空动力的发展,加速了飞机发展的进程,尤其是第二次世界大战开始时,燃气涡轮发动机应用,飞机喷气推进的发展更冲破了活塞式发动机不可逾越的障碍——激波阻力,使飞机的飞行速度超过了音速。战后,人们以更大的热情投入喷气发动机的研制,加速了军民用飞机的喷气化进程,喷气飞机的时代到来了。

为飞机的喷气推进技术做出重大贡献的人主要有德国的冯·奥海茵、英国的弗克兰·惠特尔和德国的恩斯特·亨克尔。青年发明家冯·奥海茵发明了涡轮喷气发动机。1928 年 21 岁的弗克兰·惠特尔提出了可用燃气涡轮喷气发动机来推进飞机的设想。1930 年,他的设计方案取得了专利。经过两年的研制,他的 WI 型发动机在试验台试运转成功。不久,WI 型发动机就直接装备于英国格洛斯特 E28/39 喷气战斗机上。1939 年 8 月 27 日,即第二次世界大战爆发前一个星期,德国著名的飞机设计师恩斯特·亨克尔设计的 He178 喷气战斗机第一次飞行成功。在第二次世界大战中喷气战斗机初显威力,飞行速度开始接近音速。此后,飞机开始飞得更高、更快、更远了。

1952 年 5 月,英国海外航空公司向德·哈威兰飞机公司订购了 8 架彗星 1 号喷气客机,最后购买了 9 架,在世界上首家开创了喷气机的客运业务,这标志着民航喷气客机运输新时代的到来。20 世纪 70 年代初,第三代喷气客机——宽机身客机相继出现,如波音 747SR、空中客车 A340 等。最新的宽机身客机一次可载运 300 ~ 500 名旅客,飞行速度约 2500km/h,有的客机可在 12h 内环球一周,从而把古人的梦想变成现实。

5. 从三强鼎立到两强相争

近二三十年,世界民用航空制造业竞争激烈。干线客机市场主要被美国波音公司、麦道公司和欧洲空中客车工业公司三大集团所瓜分。其中,实力最强的是美国波音公司,约占全球民用飞机市场份额的 65%。1996 年 12 月,波音公司宣布与麦道公司合并。这次规模空前的结构大调整,表明世界民用航空制造业三足鼎立的竞争势态已成过去,新波音公司与欧洲空中客车工业公司两强相争的格局已经形成。

二、我国航空运输的发展

(一)旧中国的航空运输

1909 年 9 月 21 日,中国人冯如在国外制造出我国第一架飞机,并试飞成功,飞行高度和距离都超过美国莱特兄弟 1903 年创造的首飞纪录。冯如是中国第一位飞机设计师、制造家、飞行家,也是第一位获得国际航空学会飞行员证书的中国人。1912 年 8 月 25 日,冯如在广州燕塘上空做飞行表演时,不幸殉难,时年 29 岁。

1910 年,清朝政府从法国进口一架双翼飞机,并在南苑的毅军操场内开辟飞机场,这便是中国拥有的第一架飞机和第一座机场。

19 世纪 30 年代初期,国民政府先后和美国、意大利合作,分别建立了杭州和南昌两个飞机制造厂,装配和仿制过外国飞机,后因战争而毁。唯一自行研制飞机的福建马尾海军飞机制造处研制过水上飞机,但因经费限制未能发展。

新中国成立前,我国航空运输业非常落后。

(二)新中国的航空运输

1949 年 11 月 19 日,中国航空公司和中央航空公司的总经理们,率领 12 架飞机,毅然从香港飞到北京和天津,举行震惊中外的"两航起义"。从此开创了新中国的民航史。

1. 航程越来越远,航线越来越多

1950 年,我国民用航空航线里程仅为 1.13 万 km。我国近年来民用航空航线里程见上文表 10-2。1978 年,我国民用航空航线里程为 14.89 万 km。1999 年,我国民用航空航线里程为 152.22 万 km,为 1950 年的 134.7 倍,为 1978 年的 10.2 倍。2014 年,我国民用航空航线里程达到了 463.72 万 km,国际航线里程达到了 176.72 万 km。

1949 年,我国仅有航线 12 条。1978 年,我国有航线 162 条。1999 年,我国的航线增加到 1115 条,国内航线为 987 条(其中港澳航线 22 条),国际航线 128 条。2014 年,我国的航线增加到 3142 条,国内航线为 2652 条(其中港澳航线 114 条),国际航线 490 条。中国民航机场建议形成三个大型枢纽机场,北京首都、上海浦东、广州白云机场成为全国性航空客货集散中心,六个区域性机场(沈阳、武汉、成都、昆明、西安、乌鲁木齐)成为中型航空客货集散中心。

2. 机场建设步伐加快

建国初期我国有简易机场 40 个。1978 年,我国民航机场有 34 个。到 2014 年底,我国拥有民航机场 200 个,民用飞机 4168 架,民用运输机 2370 架。机场的通信、导航、气象、空中管制等设备不断更新完善。北京首都机场、上海虹桥机场、浦东机场、广州白云机场、天津张贵庄机场、深圳机场、乌鲁木齐地窝铺机场、哈尔滨太平国际机场、合肥骆岗机场和西安咸阳等机场,都能在复杂的气象条件下起降大型喷气客机。

为配合"十三五"规划的实施,中国民航将建设京津冀、长三角和珠三角三大世界级机场

群和机场网、航线网、民航信息网三大网,民航运输机场将达到270多个。

3. 飞机制造水平提高,数量增加

新中国的航空工业是在飞机修理的基础上建立起来的。1951年4月29日正式成立航空工业局,随即开始扩建和新建了20个航空企业,并开始组织新机试制。1954年7月11日,"初教5"飞机仿制成功,这是新中国制造的第一架飞机,标志着新中国的航空工业由修理进入了制造的新阶段。

1956年7月19日,第一架国产喷气式歼击机"歼5"试飞,从此跨入喷气时代。

1959年4月,我国第一架超音速歼击机"歼6"试制成功。

1980年9月,中国自行设计了大型喷气客机"运10"在上海试飞成功。

1986年4月,国产支线客机"运7"投入航线。

1991年,首批中美合作生产的大型客机MD-82交付中国民航使用,接着又开始生产大型客机MD-83。

1995—2001年,我国又与美国麦道公司合作生产40架新型干线客机MD-90。目前我国正在与外国合作研制多种新型飞机。

4. 航空运输量逐年增长

各种运输方式完成的客货运量和周转量情况见图10-4、图10-5,各种运输方式客货运输量比重变化情况见图10-6。

1999年民航运输完成的运输量:客运量为6094万人;旅客周转量为857亿人·km;货运量为170万t;货物周转量为42.3亿t·km。

2014年民航运输完成的运输量:客运量为39194.88万人;旅客周转量为6334.19亿人·km;货运量为594万t;货物周转量为187.77亿t·km。

第五节 管 道 运 输

作为五大运输方式之一的管道运输,在社会发展中,发挥着越来越重要的作用。目前管道运输的介质,已从原油、成品油、天然气、煤气发展到输送煤炭、矿石和粮食。

一、世界管道运输的发展

1. 管道运输的起源

管道运输的起源经历了从竹管、铁管到钢管的过程。

管道运输源于中国。四川自贡有盐都之称,天然气、卤气储量丰富。利用天然气熬煮卤水制盐是古代当地人的一大创举,不仅如此,其还开创了管道运输的先河。那时,输送天然气和卤水的运送工具,既不是车也不是船,而是当地盛产的竹子,这在一些古籍或县志中都有比较详细和生动的记载。

管道运输从竹管演变到铁管,经历了2000多年。1859年8月27日,在美国宾夕法尼亚州的梯塔斯维尔,德雷克等人打出了第一口具有商业价值的油井,采出的原油需要运往120km以外的炼油厂加工。利用水运,每天要投入货船1000多艘;利用铁路中转,从油田到火车站,每天需雇用马车2000多辆,运输滞后影响油田生产。19世纪60年代初,有人试用铸铁制造管道,由于管道材质差,管道之间的连接技术不过关,原油漏失严重,没有投入使用。1865 年,美国宾夕法尼亚州建成第一条管径 50mm、长约 10km 的原油输送管道,增压设备以蒸气为动力来直接驱动。这是现代管道运输的开端。随着二战后石油工业的发展,管道的建设进入了一个新的阶段,各产油国竞相开始兴建大量石油及油气管道。

2. 管道运输的发展

进入 20 世纪,无缝钢管和高强度钢管相继问世,管材质量大幅度提高。与此同时,钢管焊接技术迅速发展,电弧焊取代了乙炔焊,驱动压机、泵动力机也加快了更新。这些都为管道运输的发展奠定了良好的基础。

管道运输包括油品管道运输、天然气管道运输、固体料浆管道运输等。

1977 年竣工投产的世界上第一条深入北极圈的美国阿拉斯加原油输送管道全长 1227km,管径 1220mm,年输油能力为 1 亿多吨。

据统计,运输成品油的管道约占世界管道总长度的 14%。美国科洛尼尔成品油输送管道,是目前世界上里程最长、管径最大和输送量最多的一个管道系统。

天然气管道是输送从气田开采出来的天然气和油田伴生气的管道。在世界管道总长度中,天然气管道占一半以上。

管道运输除了可以运送原油、成品油和天然气外,还能输送煤、铁等矿石,不过需要把它们破碎成粉粒状,与适量的液体配制成浆液,然后通过管道进行远距离输送。第一条料浆管道诞生于泰晤士河畔。1914 年,英国工程师贝尔把堆在泰晤士河码头上的煤炭制成煤水各半的浆液,通过 534m 长、管径 200mm 的铸铁管,用离心泵输往电厂,再将煤水分离投入使用。这个创举,为管道运输开辟了新天地。

二、我国管道运输的发展

我国是最早使用管道输送流体的国家,也曾辉煌一时。但在此后的漫长岁月中,仍然停留在原有水平。二战期间,为解决汽油短缺问题,我国与美国一起,在中缅两国之间,共同修建了一条管径为 150mm 和 200mm 的野战输油管道。二战胜利结束,这条管道也在完成历史使命之后悄然终止使用。新中国成立前,我国管道运输是空白。

1. 管道建设成就喜人

1958 年,新疆克拉玛依至独山子炼油厂输油管建成投产,拉开了我国现代管道运输的序幕。到 20 世纪 70 年代末,全国原油年产量超过 1 亿 t,油、气管道也增加到 7000 多 km。管道运输在中国,有两个世界之最。1976 年,全长 1080km 的格尔木至拉萨输油管道建成,90% 的管道铺设在海拔 4000 ~ 5228m 的世界屋脊之上,这是世界上海拔最高的成品油输送管道。1990 年,全长 432km 的花土沟至格尔木输油管道投产输油一次成功。这条管道铺设在平均海拔 2900km 的青海高原上,是世界上海拔最高的原油输送管道。管道运输的水平不断提高,第一条全自动输送管道东营至黄岛的复线于 1990 年启动成功。紧接着另一条高度自动化的输油管道——新疆轮台至库尔勒原油输送管道建成投产。这是在沙漠油田建设的第一条自动控制的输油管道。

海上油(气)田开发,为管道运输另辟新径。1994 年 10 月竣工的崖城 13-1 气田至香港的海底输气管道全长 778km,在目前世界海底输气管道中位居第二。1997 年 7 月,一条跨陕西、山西、河北三省和天津、北京两市的自动化、大口径、全长912.8km的陕京天然气输送管道建成投产。它标志着我国管道建设已经接近或达到国际先进水平。

1958年,我国输油(气)管道里程仅有0.02万km;1999年达到2.49万km。到了2014年,已经达到了10.57万km。

随着我国石油天然气生产能力的提高,运输管道的网络结构将得到重点调整。对东部现有的管道要进行改造,以调整原油流向和满足进口的要求。为配合西部油田的开发,将重点建设新疆至内地的输油管道,格尔木至上海的输油管道建设已开工,全长4500km,是我国管道之最。陕京天然气管道将与华北天然气管网连接。随着四川盆地和海南岛气田的开发,还要建设相应的输气管道。

用管道输送煤浆是一种运输发电运煤的有效方式,在国外已有成熟的经验,在我国已开始研究。

2. 管道运输量的变化

由于管道运输的货物种类有限,所以在全社会货物运输量中比重不大。但是,管道运输量却明显增加。

1995年管道运输完成的运输量为15274万t;货物周转量为590亿t·km;到2014年,管道运输完成的运输量达到73752万t;货物周转量达到4328.28亿t·km;1995—2014年管道货运量趋势参见上文图10-5。

第六节　现代交通运输的特征及其相互关系

一、现代交通运输的特征

1. 铁路运输

铁路适用于内陆地区运送中、长距离,大运量,时间性强,可靠性要求高的一般货物和特种货物。

铁路运输具有以下优点。

(1)运输能力大。能够担负大量的客货运输,每一列车载运旅客和货物的能力比汽车和飞机大得多。

(2)运行速度快。常规铁路的列车运行速度为80km/h,而在高速铁路上运行的旅客列车目前速度可达210~260km/h或更高。铁路货运速度虽比客运慢些,但是每昼夜的平均货物送达速度比水路运输快。

(3)运输成本比公路运输、航空运输低。

(4)受气候条件限制较小,连续性强,能保证全天候运行。

在提倡可持续发展的现代交通运输业中,能耗低显得尤为重要。但是投资太高的铁路运输给地区和国家带来了较大的经济负担。单线铁路每公里造价为100万~300万元,复线造价为400万~500万元。铁路建设期太长,投资回收期太长。

2. 公路运输

公路运输比较适宜在内陆地区运输短途旅客、货物。作为现代运输中比较重要的运输方式之一,公路运输投资少,修建公路的材料和技术比较容易解决,易在全社会广泛发展。

公路运输具有以下优点。

(1)机动灵活,可实现"门到门"的直达运输,不需要中途倒运。

(2)对客运量、货运量具有较强的适应性,适合于中短距离的客货运输。

(3)公路运输还可担负铁路、水路运输达不到的区域内的运输,它是补充和衔接其他运输方式的运输。

在短距离运输时,汽车客运速度明显高于铁路,但在长途运输业务方面,有着以下难以弥补的缺陷。

(1)消耗燃料多,造成途中费用过高。

(2)汽车磨损大,因此折旧费和维修费用高。

(3)运输能力小,劳动生产率低。如一列运货火车车组人员只需几个人,若运送同样质量的货物,公路运输则需配备几百名驾驶员。因此汽车运费率远高于铁路运输和水路运输。

公路运输(高速公路除外)与其他运输方式相比,投资少、资金周转快、投资回收期短,且技术改造容易。汽车运输的出现仅有 100 多年,但在容载量、品种、技术性能、专用车种类等方面都有了很大的改进和提高,能较好地满足社会经济对运输的需要。

3. 水路运输

在五种运输方式中,水路运输能力最大。适宜于运距长、运量大、时间性不太强的各种大宗物资运输。水路运输按照航行的区域分为远洋运输、沿海运输和内河运输三种类型。水路运输具有以下优点。

(1)输送能力大。在海洋运输中,目前世界上超巨型油船载质量达 55 万 t,巨型客船已超过 8 万 t。目前,国际贸易总运量的 2/3 以上利用海上运输。

(2)适合于大宗货物的长距离运输。在运输长、大、重件货物时,与铁路运输、公路运输相比,水路运输更具有突出的优点。对过重、过长的重件货物,铁路运输、公路运输无法承担,而水路运输都可完成。目前,我国水路运输的货物周转量占全社会货物周转量的 50%左右。

(3)运输成本低。在水路运输中,除运河以外的内河航道均是利用天然江河加以整治,修建必要的导航设备和港口码头等就可通航;海运航道更是大自然的产物,一般不需要人工整治,且海运航线往往可以取两港口间的最短距离。因此,一般说来,河运的运输成本比铁路运输略低,而海运成本则远比铁路运输低,这是水路运输的一个突出优点。

但水路运输速度比铁路运输等运输方式慢,而且受自然条件的限制较大,内河航道和某些港口受季节影响,冬季河道或港口冰冻、枯水期水位变低时,即须停航,难以保证全年通航;海上风暴也会影响正常航行。在途中的货物多,会增加货主的流动资金占有量。

4. 航空运输

航空运输适宜长途旅客运输和体积小、价值高的物资,鲜活产品及邮件等货物的运输。

航空运输具有以下优点。

(1)速度高。在当今时代,高速性具有无可比拟的特殊价值。现代喷气运输机,速度一般在 900km/h 以上,比火车快 5~10 倍,比海轮快 20~25 倍。

(2)具有一定的机动性。航空运输不受地形地貌、山川河流的障碍,只要有机场并有航路设施保障,即可开辟航线,如果用直升机运输则机动性更大。

航空运输的缺点是:飞机造价高、技术复杂、运输能力小、能源消耗大、运输成本高。

5. 管道运输

管道运输是随着石油和天然气产量的增长而发展起来的,目前已成为陆上油、气运输的主要运输方式。

管道运输具有以下优点。

(1)运输对象特殊。先以石油、天然气、成品油为运输对象,之后发展到煤和矿石等固体物质的浆体等。

(2)运输能力大、效率高。成本低和能耗小。管径为1200mm的原油管道年运输量可达1亿t。

(3)占用土地少。由于管道埋于地下,除泵站、首末站占用一些土地外,不再占用土地,且不受地形和坡度的限制,易取捷径,可缩短运输里程。

(4)基本不受气候影响,可以长期稳定运行。

(5)设备运行比较简单。管道运输流体能源,主要依靠每隔一段距离设置的增压站提供压力能,易于自动化和集中遥控,用人较少。

(6)沿线不产生噪声,且漏失污染少。

管道运输的缺点是:适于长期定向、定点、定品种的运输,合理输量范围较窄,若输量变换幅度过大,则管道运输的优越性就难以发挥,更不能运输不同品种的货物。

二、各种运输方式的相互关系

由于各种运输方式都有自己的特性,因而它们都有各自最适合的应用范围。

一般地说,铁路和水路运输(包括海洋和内河主要航线)主要适用于大宗货物的长途运输。

公路运输和一般内河航线主要适用于短途运输和部分货物的中距离运输,并为干线运输集散客货。

航空运输以国际交往和国内大中城市间旅客运输、长距离急运和加强边远地区的联系为主。

管道运输是在大量液体、气体和煤、铁矿石等物质生产地点和固定的消费地点(或转运地点)之间推广采用。

总之,五种交通运输方式既有相对独立性,又有互相依赖性;既有协作,又有竞争。科学技术进步一日千里,未来的交通运输必将迎着新世纪的曙光更加辉煌。

参 考 文 献

[1] 刘潇.低碳经济助力液化天然气汽车发展的优势、存在问题和发展趋势[J].上海节能,2016(9):491-497.

[2] 郭玉琴,朱新峰,杨艳,等.汽车轻量化材料及制造工艺研究现状[J].锻压技术,2015(3):1-6.

[3] 道路安全全球现状报告2015[R].世界卫生组织,2015.

[4] 冯陈玥,段兆芳,单卫国.LNG汽车发展现状及相关问题分析[J].中国能源,2014(2):32-35.

[5] 刘国芳,王智文.北美汽车轻量化材料技术发展动态[J].汽车工艺与材料,2014(9):29-32.

[6] 姜岚.汽车电子技术的应用及发展趋势探究[J].电子测试,2014(17):110-111.

[7] 郎全栋.汽车文化[M].北京:人民交通出版社,2002.

[8] 中国汽车技术研究中心.2000中国汽车工业年鉴[M].天津:中国汽车工业年鉴编辑部,2000.

[9] 2000中国交通年鉴[M].北京:中国交通年鉴社,2000.

[10] 张仁淇,高汉初.世界汽车工业:道路·趋势·矛盾·对策[M].北京:中国经济出版社,2000.

[11] 徐逢源.现代汽车构造原理使用维修[M].武汉:湖北科学技术出版社,1994.

[12] 郑河泉.世界汽车造型图典[M].长春:吉林科学技术出版社,1997.

[13] 黄庆生.进入汽车时代[M].北京:机械工业出版社,1999.

[14] 周忠孝.名车知识[M].北京:人民交通出版社,1999.

[15] 吕植中.车迷小百科[M].北京:机械工业出版社,1998.

[16] 董安.汽车商标漫谈[M].北京:兵器工业出版社,1999.

[17] 李景芝,张祖斌.汽车的故事[M].济南:山东科学技术出版社,1999.

[18] 张祖斌.汽车趣味小百科[M].北京:人民交通出版社,1995.

[19] 林平.汽车趣谈[M].成都:四川科学技术出版社,1999.

[20] 林平.汽车发烧友[M].成都:四川科学技术出版社,1999.

[21] 车迷大世界编委会.1999车迷大世界[M].北京:机械工业出版社,2000.

[22] 刘兴良.趣说汽车[M].北京:北京理工大学出版社,1999.

[23] 肖云魁.21世纪汽车[M].北京:兵器工业出版社,1999.

[24] 佟立本.铁道概论[M].北京:中国铁道出版社,1999.

[25] 杨巨钧,陈励志.压缩时空的交通运输[M].北京:地震出版社,1999.

[26] 潘振锋.交通与我们[M].上海:上海科技教育出版社,1995.

[27] 中国统计年鉴2007[M].北京:中国统计出版社,2007.

人民交通出版社汽车类本科教材部分书目

1. "十二五"普通高等教育规划教材 车辆工程专业

书 号	书 名	作 者	定 价	出版时间	课件
978-7-114-10437-4	●汽车构造（第六版）上册	史文库、姚为民	48.00	2016.07	配光盘
978-7-114-10435-0	●汽车构造（第六版）下册	史文库、姚为民	58.00	2016.08	配光盘
978-7-114-13444-9	●汽车发动机原理（第四版）	张志沛	38.00	2017.04	有
978-7-114-09527-6	★汽车排放及控制技术（第二版）	龚金科	28.00	2016.07	有
978-7-114-09749-2	★汽车检测技术与设备（第三版）	方锡邦	25.00	2015.04	有
978-7-114-09545-0	★汽车电子控制技术（第二版）	冯崇毅、鲁植雄、何丹娅	35.00	2016.07	有
978-7-114-09675-4	车身CAD技术（第二版）	陈鑫	18.00	2012.04	有
978-7-114-09681-5	汽车有限元法（第二版）	谭继锦	25.00	2015.12	有
978-7-114-09493-4	电动汽车（第三版）	胡骅、宋慧	40.00	2012.01	有
978-7-114-09554-2	汽车液压控制系统	王增才	22.00	2012.02	有
978-7-114-09636	汽车构造实验教程	阎岩、孙纲	29.00	2012.04	有
978-7-114-09555-9	汽车内饰设计概论（第二版）	泛亚内饰教材编写组	29.00	2016.08	
978-7-114-11612-4	★汽车理论（第二版）	吴光强	46.00	2014.08	有
978-7-114-10652-1	★汽车设计（第二版）	过学迅、黄妙华、邓亚东	38.00	2013.09	有
978-7-114-09994-6	★汽车制造工艺学（第三版）	韩英淳	38.00	2016.02	有
978-7-114-11157-0	★汽车振动与噪声控制（第二版）	陈南	28.00	2015.07	有
978-7-114-05467-9	★汽车节能技术	陈礼璠、杜爱民、陈明	19.00	2013.08	
978-7-114-10085-7	汽车车身制造工艺学	钟诗清	27.00	2016.02	有
978-7-114-10056-7	汽车试验技术	何耀华	28.00	2012.11	
978-7-114-10295-0	汽车专业英语（第二版）	黄韶炯	25.00	2016.05	
978-7-114-12515-7	汽车安全与法规（第二版）	刘晶郁	35.00	2015.12	有
978-7-114-10547-0	汽车造型	兰巍	36.00	2013.07	有
978-7-114-11136-5	汽车空气动力学	胡兴军	22.00	2014.04	有
978-7-114-09884-0	★专用汽车设计（第二版）	冯晋祥	42.00	2013.07	有
978-7-114-09975-5	汽车车身结构与设计	曹立波	24.00	2012.10	有
978-7-114-11070-2	汽车电器与电子控制技术	周云山	40.00	2014.03	有
978-7-114-10944-7	大客车车身制造工艺	张德鹏	25.00	2014.04	有
978-7-114-11730-5	汽车内饰模具结构及工艺概论	周强、成薇	48.00	2016.08	
978-7-114-12863-9	新能源汽车原理技术与未来	陈丁跃	36.00	2016.05	有
978-7-114-12649-9	汽车油泥模型设计与制作	黄国林	69.00	2016.03	
978-7-114-12261-3	汽车试验学（第二版）	郭应时	32.00	2015.01	有

2. "十二五"普通高等教育规划教材 汽车服务工程专业

书 号	书 名	作 者	定 价	出版时间	课件
978-7-114-13643-6	★汽车电子控制技术（第四版）	舒华	48.00	2017.03	有
978-7-114-09573-3	交通运输系统工程（第三版）	刘舒燕	30.00	2016.07	有
978-7-114-09882-6	汽车文化（第二版）	宋景芬	25.00	2015.01	有
978-7-114-09821-5	汽车金融（第二版）	强添纲	29.00	2016.01	有
978-7-114-09561-0	★汽车运行材料（第二版）	孙凤英	16.00	2016.05	有
978-7-114-08869-8	汽车运用工程	陈焕江、胡大伟	38.00	2015.06	
978-7-114-11616-2	●汽车运用工程（第五版）	许洪国	39.00	2016.07	
978-7-114-07419-6	★汽车营销学	张国方	41.00	2016.07	
978-7-114-11522-6	★汽车发动机原理（第二版）	颜伏伍	42.00	2014.09	有
978-7-114-11672-8	★汽车事故工程（第三版）	许洪国	36.00	2015.11	有
978-7-114-10630-9	★汽车再生工程（第二版）	储江伟	35.00	2013.08	有
978-7-114-10605-7	汽车维修工程（第二版）	储江伟	48.00	2015.06	
978-7-114-12636-9	汽车新能源与节能技术（第二版）	邵毅明	36.00	2016.03	有
978-7-114-12173-9	汽车检测与诊断技术（第二版）	陈焕江	45.00	2015.07	有
978-7-114-12543-0	汽车服务工程（第二版）	刘仲国、何效平	45.00	2016.03	有
978-7-114-10849-5	工程热力学与传热学（第二版）	李岳林	32.00	2015.04	有

书 号	书 名	作 者	定 价	出版时间	课件
978-7-114-10789-4	汽车检测诊断与维修	王志洪	45.00	2013.12	有
978-7-114-10887-7	旧机动车鉴定评估（第二版）	鲁植雄	33.00	2013.12	有
978-7-114-10367-4	现代汽车概论（第三版）	方 道、周水庭	28.00	2016.01	有
978-7-114-11319-2	交通运输专业英语	杨志发、刘艳莉	25.00	2014.06	有
978-7-114-10848-8	道路交通安全工程	刘浩学	35.00	2013.09	有
978-7-114-11668-1	道路交通事故处理	王洪明	36.00	2015.02	
3. 应用技术型高校汽车类专业规划教材					
978-7-114-13075-5	汽车构造·上册（第二版）	陈德阳、王林超	33.00	2016.08	有
978-7-114-13314-5	汽车构造·下册（第二版）	王林超、陈德阳	45.00	2016.12	有
978-7-114-11412-0	汽车液压与气压传动	柳 波	38.00	2014.07	有
978-7-114-11411-3	汽车营销	谢金法、赵 伟	35.00	2014.07	有
978-7-114-12846-2	汽车电器设备	吴 刚	39.00	2016.04	有
978-7-114-11281-2	汽车电气设备	王慧君、于明进	32.00	2015.07	有
978-7-114-11280-5	发动机原理	訾 琨、邓宝清	40.00	2014.07	有
978-7-114-11279-9	汽车维修工程	徐立友	43.00	2014.07	有
978-7-114-11508-0	汽车电子控制技术	吴 刚	45.00	2014.08	有
978-7-114-13147-9	汽车试验技术	门玉琢	33.00	2016.08	有
978-7-114-11446-5	汽车试验学	付百学、慈勤蓬	35.00	2014.07	有
978-7-114-11710-7	汽车评估	李耀平	29.00	2014.10	有
978-7-114-11874-6	汽车专业英语	周 靖	22.00	2015.03	有
978-7-114-11904-0	新能源汽车	徐 斌	29.00	2015.03	有
978-7-114-11677-3	汽车制造工艺学	石美玉	39.00	2014.10	有
978-7-114-11707-7	汽车 CAD/CAM	王良模、杨 敏	45.00	2014.10	有
978-7-114-11693-3	汽车服务工程导论	王林超	25.00	2016.05	
978-7-114-11897-5	汽车保险与理赔	谭金会	29.00	2015.01	有
4.21 世纪交通版高等学校教材 汽车服务工程专业					
978-7-114-06712-9	汽车构造（上册）	冯晋祥	33.00	2015.07	
978-7-114-06716-7	汽车构造（下册）	冯晋祥	36.00	2015.07	
978-7-114-12270-5	现代汽车检测与故障诊断（第二版）	刘仲国	38.00	2015.09	
978-7-114-05111-1	汽车服务工程	刘仲国、何效平	24.00	2014.01	
978-7-114-05892-6	汽车维修企业设计与管理	傅厚扬、冉广仁	21.00	2014.08	
978-7-114-06124-0	汽车电器与电子技术	塞小平、麻友良	35.00	2015.05	
978-7-114-08604-5	汽车发动机原理与汽车理论	陈 燕	40.00	2014.12	
978-7-114-08206-1	汽车文化概论	陈 燕、王昕彦	28.00	2016.06	
978-7-114-07879-8	当代汽车电控系统结构原理与检修（第二版）	吴际璋、王林超	35.00	2016.01	
978-7-114-07842-2	汽车运行材料（第二版）	郎全栋、董元虎	25.00	2016.06	
978-7-114-07490-5	汽车文化（第二版）	郎全栋	15.00	2016.06	
5. 普通高等教育规划教材 汽车服务工程专业					
978-7-114-07164-5	汽车评估	杜 建	33.00	2016.07	
978-7-114-13673-3	★汽车排放与噪声控制（第二版）	李岳林	35.00	2017.04	有
978-7-114-07155-3	汽车新能源与节能技术	邵毅明	30.00	2015.07	
978-7-114-06849-2	汽车服务企业管理	王生昌	26.00	2015.07	
978-7-114-13739-6	汽车服务工程专业英语（第二版）	于明进	28.00	2017.06	有
978-7-114-07829-3	汽车试验学	关 强、杜丹丰	22.00	2015.11	
978-7-114-08576-5	汽车服务场站设计	崔淑华	32.00	2016.07	
978-7-114-07256-7	汽车可靠性	肖生发、郭一鸣	23.00	2016.01	
978-7-114-08028-9	汽车零部件经营与销售	孙凤英、朱世杰、袁开愚	20.00	2016.07	
978-7-114-13723-5	汽车美容（第三版）	鲁植雄	30.00(估)	2017.05	有

●为"十二五"普通高等教育本科国家级规划教材；★为普通高等教育"十一五"国家级规划教材
咨询电话：010-85285253；010-85285977. 咨询QQ：64612535；99735898